VON MIR AUS

ULRICH DZIUBANY

VON MIR AUS

PROSAGEDICHTE

**Bibliografische Information
der Deutschen Nationalbibliothek:**
Die Deutsche Nationalbibliothek verzeichnet diese
Publikation in der Deutschen Nationalbibliografie;
detaillierte bibliografische Daten sind im Internet über
http://dnb.dnb.de abrufbar.

Satz, Umschlaggestaltung, Herstellung und Verlag:
BoD – Books on Demand

ISBN: 978-3-7392-6354-0

Was den Menschen durch Scheingröße
Rufe der Bewunderung entlockt:
wie unbedeutend, verächtlich,
wie nichtig und hinfällig ist es tatsächlich …

Beachte doch, wie schnell
alles ins Grab der Vergessenheit
sinkt, welcher unermeßliche Abgrund
der Zeit vor dir war und
nach dir kommen wird …
Wandle auf gerader Linie
deinen Pfad, ohne dich
irremachen zu lassen.

MARC AUREL

Momentaufnahme

ein Pulsschlag nur
ein Leben
das Rätsel der Zeit
in den Händen haltend

die Bäume dort
ein Tag
eine Wiese
im Gegenlicht

unter wechselnden Himmeln
der kurze Traum
in dem einem
Atem verliehen ist

da vorn der
altmodisch gewordene Zaun
von Tragik und Zerfall
dahinter der Abend

mehr ist nicht nötig
neben meinem Gedächtnis
das mir hilft
zu bedauern

Hoffnung

jeden Winter
fordert mir der Frühling
eine beträchtliche Glaubensbereitschaft ab
so tief ist der Boden
gefroren in mir

doch wenn der schwere Traum abgeschüttelt ist
im lange vermißten Geräusch des Regens
wenn das Jahr sich langsam
von neuem ins Licht dreht
nach der tapferen Haltlosigkeit des Schnees
wenn ein beredter Wind kommt
ein Geruch voll Leben und Widerspruch
und wieder das blaue Band flattert
mit dem ältesten Versprechen
wenn die ersten Krokusse ausschlüpfen
und alle Anti-Aging-Experten ergrauen
vor der erneuerten Jugend der Natur
jenem uralten Schauspiel

habe ich wieder die Hoffnung
bestärkt durch die zunehmend
grüne Gewißheit der Bäume
daß auch ich vielleicht
mein Wort halten werde
jeden Tag als Geschenk zu betrachten
und sei es nur
um ein Beispiel zu geben

Bedürfnisse

ich komme eben vom WC
nach der Revolte im Inneren
einem Bedürfnis
das als menschlich gilt
nicht zu vergleichen mit dem
unserer geheimen Belauscher
in den Daten- Bedürfnisanstalten
die wesentliche Bürgerrechte
in ihren Klosetts hinunterspülen

ich habe nichts zu verbergen
außer mich selbst
und wäre lieber Zöllner
als Pharisäer
doch mich abzuhören
erlaube ich
zum Schutz meiner Verfassung
nur Internisten

ich breche
hier ab und drehe mich
mit der Erde
bei diesem Fortschritt
in Anführungszeichen
für ein Leben aus Glas
mir wird wieder übel
wahrscheinlich auch ihr

sie ist wunderschön
schade nur
daß sie bevölkert ist

Lokaltermin

ein kühles Helles unter Platanen
mit Schaum oben drauf an Nebentischen
einsetzend ungeniert laute Monologe
mit Unsichtbaren das neue Weltgeräusch
akustisches Faustrecht am besten
mit Publikum im Mittelalter war es
die Narrenschelle Kling-Klang-Menschen
des Immer und Überall von kindischem
Mitteilungsdrang auf der Straße im Zug
nachts auf dem Balkon inzwischen
an jedem Ort man ist nun global

eingemottet das Schweigen pulverisiert
und in kleinen handlichen Urnen beerdigt
Diskretion und Rücksicht gestorben
am süßen Gift elektronische Kommunikation
die Bibel hat recht wir bringen unsere
Tage zu wie ein Geschwätz jetzt mehr
denn je wenn das kein Fortschritt
ist da kann einer sagen was er will
und ich habe dagegen nichts in der Hand
ich bin Protestant doch was nützt
mir das es hat mir noch nie geholfen
und solche Leute an die nächste
Kreuzung zu nageln oder wenigstens
in einer Cloud verschwinden
zu lassen bleibt ein frommer Wunsch

aber es kommt die Zeit da sie ein für
allemal nicht erreichbar sind ein Maulvoll
Erde genügt an jenem Ort hat man ohnehin
keinen Empfang

Phonetik

Die Sicht ist wie im Nebel,
so dicht fallen sie.

Sie sind in aller Munde
und geben den Ton an.
Überall wimmelt es von Lauten,
Mitlauten und Selbstlauten.

Meine Erfahrung lautet:
Laute mundtot zu machen,
scheint unmöglich,
erst recht vor lauter Mikrophonen.

Doch schon die Vollständigkeit
der Sätze ist Lüge
angesichts der Bruchstücke,
die sich Leben nennen.

Die Leisen gehören
laut meinen Beobachtungen
zu den aussterbenden Arten.

Immerhin sind nicht wenige
lautstarke Wichtigtuer
in meinen Jahren längst stumm,
geben keinen Laut mehr von sich.

Alles Wesentliche geschieht
ohnehin lautlos,
wie das Atmen, das Denken
und das Verstreichen der Zeit.

Nichts von Bedeutung

Regenwasser
in Pfützen gefangen
wie große Tränen
spiegelnd den entfernten Himmel

Menschen hasten über Brücken
die bereits unterminiert sind
durch so viele Worte über die
angebliche Unverfügbarkeit der Person
im reißenden Strom dieser besinnungslosen
Flucht nach vorn genannt Fortschritt
das große Narkotikum

den Rest schluckt die Springflut
der Simulationen aus den Kanälen
im Unterholz der Zerstreuung überquellend
vor Leere ins Landesinnere
als ob ein Wehr aufgezogen wäre

die Uferböschung wächst aschfahl
an den Seiten empor
als sei sie im falschen Jahrhundert
das Unbehagen wächst von selbst
jene Verwirrung
die jetzt durch bequeme Vernetzung
weltweit fast alle verbindet

Banalität ist zur Weltmacht geworden
wie Unkraut wuchernd
banal heißt dem Wortsinn nach
was auf alle verteilt ist
also nichts von Bedeutung

Mehr geht kaum

alles wächst
das Gras, die Vergangenheit
das Universum, die Schutthalden
und die Tage und Jahre
häufen sich lautlos
auf keinen anderen Boden
als uns selbst

Bildung ist jetzt Regierungsvokabel
für das Apportieren von Daten
verwechselt mit Wissen
Hauptsache Wachstum, Wachstum
möglichst immer noch größer
ganz besonders die Einbildung
immer nur Wachstum
höher, schneller, mehr
gern auch ohne Sinn und Verstand

von mir aus

ich halte mich an das Wissen
wie viel einst wenig war
und wie gut Margarine und Salz
schmeckten auf Brot
außerdem an das Übliche:
Erde zu Erde
Staub zu Staub
eine Tradition mit Zukunft
mehr Wachstum geht kaum

es schadet nicht
auch einmal das Positive hervorzuheben

Vor dem Frühstück

das Zuschlagen von Türen
in der Ferne
wann war das?
in welchen Jahren?

was du geworden wärst
wie und wodurch verlor sich das?
draußen blüht noch der Flieder
sein Duft reicht tief
in dein Schweigen hinein
diese Wahrheit trägt
jeder mit sich herum:
daß der Kampf von Anfang an
entschieden und jeder Erfolg
nur aufgeschobenes Scheitern ist
keiner kann sagen
wer wir im großen Ganzen
des Universums überhaupt sind
seit dem Exit aus Eden kauend
an den brüchigen Nägeln der Zeit
doch du nimmst es sportlich
und fügst dich ins Unausweichliche
dein Frühstück
es wird acht Uhr
die Sonne kommt durch und
vertreibt die letzten
Widerstandsnester der Nacht
in deiner Tasse ist Kolumbien
dieser Tag beginnt hell
ein Geschenk des Himmels
mach etwas aus ihm
du bekommst ihn nie wieder …

Naturgemäß

wozu die nie rastende
Erwartung des Neuen
und immer noch Neuesten?

zu genießen
was wiederholbar ist
mehr gibt das Leben nicht her
und alle rhythmischen Dinge
sind Waffen gegen die Zeit

sollst du den anderen
widersprechen oder dir?
du bist es
mit dem du leben mußt
und dein Organismus
ist anders kodiert
der Konformismus der Herde
bleibt dir fremd
Modernität heißt auch
sich durch Reflexion
zu immunisieren
gegen das Vorgedachte
das einem Zugedachte

deine alte Sucht
selber zu denken
ist nicht therapierbar
sie wehrt sich erfolgreich
gegen jeden Entzug
viel lieber hundertmal irren
sonst machst du etwas falsch

Zuversicht

Mein guter Ruf als Liebhaber
verlorener Zeiten verhallt ungehört,
doch ich sitze bequem zwischen den Stühlen,
der Körper voll Adrenalin nach dem Fencheltee.

Ich besitze nichts. Nur was ich sehe,
wenn die Augen geschlossen sind,
gehört definitiv mir, also ziemlich viel
neben ein paar undenkbaren Gedanken.

Ausgeliefert meinen fünf Sinnen,
nutze ich gern die Schattenseiten des Lichts,
genieße den Duft von Blumennamen
und träume vom Platz des Himmlischen Friedens.

Ich bin im Widerspruch ganz bei mir,
rühme mich meiner Schwächen
und hoffe mich nie zu verlieren
auf meiner Pilgerfahrt nach keinem Land.
So kann mir wenigstens noch alles passieren.

Einschränkung der Auffindbarkeit

wenn das Jahr wieder
die Luken aufreißt
sperrangelweit

ist der ersehnte Nahverkehr da
mit Wiesen
paradiesisch grün
fern von jenem
lächerlichen Aberglauben
an Einsen und Nullen

dem Schein folgend
der Sonne
und der kostbaren Analogiefähigkeit
des Analogen
kein Vergleich

ohne anzuklopfen
ins Freie treten
der nie bankrott machenden
Schöpfung zugewandt im Licht
einer anderen Aufsicht
etwas, das man heute
ganz automatisch verlernt
im enteigneten Alltag

oder besser noch:
wenn auch die Sonne
langsam höherklettert
in den Bergen über alle Berge sein
ohne mobile Endgeräte
in der Nähe

eine Aufstiegsmöglichkeit
hoch bis zur Baumgrenze
in von Worten unbetretenen Räumen
für ein Gespräch mit dem Schweigen
und noch höher
mit den Wolken segeln
schwerelos, völlig losgelöst
nicht erreichbar
ein Traum, der dir zustößt beim Gehen
die Freiheit der Kinder Gottes

eine Einschränkung der Auffindbarkeit
für Stunden vor dem Herunterkommen
und die kurzzeitige Möglichkeit
sich vor dem Sturz ins Fassungslose zu retten
angesichts einer grotesken
Verwechslung der technischen Machbarkeit
mit der Erlösung

unten möchte man die Wiesen
greifen wie eine grüne Decke
und über sich ziehen

Wo wir zufällig sind

Voyager erreichte den äußersten Rand
unseres Sonnensystems
eines winzigen Punkts
unserer Milchstraße

es soll Milliarden Milchstraßen geben
unser Platz innerhalb des Ganzen
ist also nicht besonders bedeutsam

wir trudeln dahin
mit bürgerlichen Ehrenrechten
und der Pendlerpauschale
bis zum nächsten Event
im Fall durch die Jahrtausende
einen Wimpernschlag lang der Zeit
gemeinsam auf diesem Stern
einer begrünten Oase des Lebens
inmitten unermeßlicher Wüsten mit
dem Schweigen Gottes
über der Welt
die Haare optimiert
wenn schon nichts anderes
man weiß ja nie
wieso man lebt
einer höheren Mechanik zufolge
mit der Wahrheit hinter den Nebeln
und immer tickendem Handgelenk
dicht an der Rinde der Erde
einsam im Gedränge
Erhabenheit vortäuschend
durch hohe Absätze
und die fragliche Weisheit der Vielen

in Fußgängerzonen und Chatrooms
ein Kommen und Gehen
auf dem unberührbaren Weg des Seins
hier, wo wir zufällig sind
im dritten Jahrtausend
nach Christi Geburt
hineingeboren in Adjektive
und Abende
mit Mundgeruch und dem
unentrinnbaren Blut der Ahnen
bilderhörig
aber ohne Reim auf die Welt
ausgeliefert
dem Undurchschaubaren
periodisch überwältigt
von Hormonen
und in einem Licht
das dauernd Heute ist
salutierend vor Automaten
hinstarrend zu Himmeln
an denen die Sterne erlöschen
im Schein des Geldes
mit einem Heimweh
nach uns selbst und Träumen
auf der Innenseite der Lider
von menschlichen Schutzschildern
gegen die Salzsäure der Zeit
sowie die Last steter
Beschleunigung und die Flüchtigkeit
des Gefühls an den Gräbern
verirrt in nie betretene Gedanken
mit der Bitte um Aufschub

doch Aufschub ist alles
der Abschied ist schon
in uns seit der Geburt

manchmal steht abends
über den Wiesen
ein Rauch
der bald wieder verschwindet
und nachts glitzert
die Milchstraße in Teichen

Weltanschauung

Beim Frühstück sitzend mitten im April eine Baumansicht
durchs Fenster gewohntes Visavis irgendwo in Europa mit
Regen vermischt der auf die Scheibe schlägt *WELT* die meine
Vorstellung ist aus noch ungeklärtem Grund deren Teil
ich auch selbst bin natürlich und unbegreiflich von ganzfern
bis hautnah die größte Sehenswürdigkeit lebenslang
beobachterabhängig ständige Schöpfung des erkennenden Ich
ein Provisorium unverzichtbar und unverfügbar mit täglich
erhöhter Pixelzahl im Sein und Werden oder als Puzzlespiel
der Monaden blindlings zwischen Kita und Altenheim

So ist den vier Buchstaben aus meiner Sicht nicht zu
trauen sie täuschen vernetzt mit dem toxischen Papier
der Zeitung bei näherer Betrachtung einen Zusammenhang
nur vor wir kommen schon aus dem Unverstehbaren

Vielleicht sind wir fremd hier doch daß das Grün grün ist
wie gottgegeben unter der überirdischen Erscheinung
der Wolken und der Kaffee schwarz hält mich am Leben
auf der schiefen Ebene der Zeit irgendwo in Europa
neben dem ruhigen Heben und Senken der Brust wo
der Atem geboren wird und wo er erlischt

Spiegelbild

dein Gesicht im Spiegel
das bist du
haargenau
in jeder Hinsicht

du ziehst die Summe
der schon abwesenden Zeit
die letzten Zähne
geputzt wie die ersten
und betrachtest in deinen Zügen
die größer werdende Entfernung
von jenem Ort namens früher
mit den Millionen einzelner
Augenblicke des Lebens
die eins sind mit dir
so wie dein eigenes Haar
und die du durch deine Tage
trägst mit dir allein
du hältst dir den Spiegel vor
von jedem Blick
auf dich selbst gerichtet
keine Chance
dein Profil zu verändern
ringsum schließen sich
die Bücherwände

doch morgens beim Erwachen
weißt du oft nicht
ist dies das Ende
oder der Anfang eines Traums

Vorläufige Tatsache

vor dem Küchenfenster
mit der Aussicht auf Wolken
ziehe ich mich in jenes
kleine Gebiet zurück
das ich selbst bin
in diesem einzigen Augenblick
dieses einzigen Tages
eines einzigen Lebens
mit Brotkrümeln auf der Anrichte
und der drückenden Last
nicht begangener Sünden
zwischen flüchtigen Gedanken
an Regen in Salzburg
und Hofmannsthals *Jedermann*
plötzlich und unerwartet
die nie genug zu bestaunende
unerklärliche Tatsache
daß man existiert
in Wind und Zeit
wenn auch außerhalb des Paradieses
wie schon das schmutzige Geschirr
in der Spüle beweist

und welch ein Ding ist diese Welt!
Sterne, Länder, Menschen, Bäume
die Erinnerung und die Zukunft:
ein Blutstropfen schwemmt es fort

ein bißchen Leben - mehr haben wir
nicht wie beim Völkerballspiel in der
Kindheit: wen es getroffen hatte
der war draußen

Im Straßencafé 1

hier ist mein Platz
mit dem Rücken zur Wand
wie so oft
und einer Tasse Espresso
junge Leute befingern
wie verrückt
pausenlos smarte Phones
der herumtastende Mensch
digital gesteuert
Phänotyp dieser Stunde
nur Mittel zum Zweck
der Kopf ohne Widerstand
dem System gebeugt
in verräterischer Beflissenheit
hörig dem Sog
eine leichte Beute
imperialer Monopole
offenbar glücklich
in der Einzigartigkeit der Uniformität

man kann es sehen
sie besitzen ihre Dinge nicht
die Dinge besitzen sie
das liegt auf der Hand
jetzt überall
auf der Straße
beim Essen
am Strand
beim Einschlafen
bei jeder Gelegenheit
man hört nicht
das Klirren der Ketten

Lebensmittel

ohne Appetit auf
den geschmacklosen Wortbrei
des Tages halte ich mich
zwischen zerbissenen Pfeifen
an die eiserne Ration
meiner Wurzeln und gewinne
Mut aus der Tapferkeit von C.

ich verschlinge Bücher
(die beste Form
persönlichen Verkehrs)
erquicke mich an der Lektüre
von Wolken und Psalmen
schlürfe die bunten Bilder
die das Leben malt
und kann mich nicht satthören
am Schweigen der Bäume
nicht sattsehen an dem
grün angestrichenen
Präsentierteller einer Landschaft

ich nehme Kraft
sogar aus Verlusten
lasse Sonnenuntergänge
langsam auf der Zunge zergehen
hocke mit meinen Wahrheiten
vor einem gemeinsamen Bier
ruhe mich aus
in der Gleichgültigkeit anderer
habe Fontane und Benn
als Medizin auf dem Nachttisch
und nähre mein Herz

nach leergetrunkenen Jahren
weiter mit Träumen

meine Genußfähigkeit ist intakt
ich achte auf Qualität
so fällt es leicht
das Fast Food der Programmierer
ungegessen zu lassen
ich bin nicht töricht genug dafür
und zu alt für Erniedrigungen
hier geht es ans Eingemachte

ich bin aber bereit
für fast jedes andere Gericht
auch die goldene Ananas
vielleicht sogar für das jüngste
und jetzt schon
der Mutter Erde dankbar
für das bescheidene Abendbrot
das sie einmal haben wird
für meinen letzten Ort

Zwischenbilanz

ich versuche ein Leben und glaube
unbeirrt an den Schnitt der Hecken
als Ersatz für die fehlende Weltordnung
mich reizt das Prickeln eines stillen Wassers
mein Methadon- Programm für das
Ausbleiben äußerer Erfolge

von Jahr zu Jahr lieber wird mir
das alleinige Sorgerecht für meine Erinnerungen
und meine ganzen Halbwahrheiten

seine Geburt verdienen vor dem Ende
schaffen ohnehin wohl die Wenigsten
so bleibt nur die Hoffnung auf Gnade

ich stehe gern am Rand
um der eigenen Mitte willen
und lausche den Blumen
sehe mich aber nach der Erstbesteigung
eines Maulwurfshügels
durchaus auf der Höhe der Zeit

im übrigen lasse ich die Wirklichkeit in Ruhe
für die Parolen des Tages
genügt der Komposthaufen

respektvoll gehe ich schließlich
einer Schnecke aus dem Weg
Schnecken gehören zu den Letzten
die sich heute noch Zeit lassen
und nicht aus dem Häuschen geraten
bevor alles vergeht

Fahndung

auf der Suche nach Dokumenten
meiner Existenz
krame ich in Schubläden
und in der Vergangenheit
die erkaltete Pfeife im Mund
wende ich mich um in der Zeit
die Faust geballt um die
entzifferten unwiederbringlichen Jahre

und finde vergilbte Umschläge
lese noch einmal zwischen
den Zeilen erhaltener Briefe
was möglich gewesen wäre

meine erste Sonnenbrille ist da
aus dem vorigen Jahrtausend
mit der die Welt
noch in anderem Licht erschien

auch ein paar Büroklammern
wie für immer aneinander gedrängt
und schon von Anfang an ohne Chance
gegen die fehlenden Zusammenhänge

ich stöbere alte Photographien auf
lächelnde Gesichter
längst von der Bildfläche verschwunden
denen ich nicht ablese
wohin sie gegangen sind

sie konnten gut
auf mich verzichten

die Entdeckung einer schlichten Wahrheit:
wie entbehrlich man ist
das fehlte mir noch

ich finde alte Rechnungen
und Drucksachen
meistens unterste Schublade
die aber meine Vormittage
nicht mehr bedrücken

in der Ecke ein Radiergummi
so lange treuer Begleiter
schmal geworden mit den Jahren
immer noch stumm auf mich wartend
abgehärmt, vergeblich aufgerieben
denn nichts läßt sich ausradieren
erst recht nicht die versäumten Worte
die mit mir zusammen verschwinden werden

bunte Postkarten aus Tagen
voller Licht und Orten
in denen man gewesen ist
ohne sie zu kennen
(wir bewohnen die Welt
auf diese Art)

daneben ein Reclam-Bändchen
Marc Aurel mit Eselsohren
nicht mehr ganz neu
schon etwas verstaubt
aber ohne Verlust der Mitte

und ich entdecke unter anderem
das Formular einer Patientenverfügung:
wir sollen aufschreiben, nicht ob
sondern wie wir sterben wollen

wenn es weiter nichts ist

im Radio Gitarrenklänge
ein Abend in Moll
ich suche immer noch
ein Wanderer
zwischen den Wänden
doch nur wenn ich die Augen schließe
kommt das Entschwundene
hinter Bergen von Tabakasche
wieder zum Vorschein

Rekonstruktion

am weitverbreiteten Himmel das Spiel der Wolken
der Wind formt Bilder zerreißt sie und erschafft neue
im ständigen Wechsel ein Programm das ich mag
ich zappe häufig und das mich erinnert an unsere
Dialoge am Strand abseits der schrillen Talkshow
der Möwen

ein zärtliches Pingpong der Worte am bröckelnden Rand
des Lebens Arm in Arm mit dem aufgewühlten Meer
entsicherten Herzens die Sandalen in der Hand
die Brandung auf der Haut ihre Füße zehn Muscheln
unter den zarten Fesseln mit dem Bleigewicht meiner
Träume von der Klammer ihrer Schenkel ohne Scheu
vor dem Glück ich blickte in ihre Augen in den Himmel
ihr Haar wehte in umarmenden Wellen und Gischt
spritzte hoch mit funkelnder Nässe ich fühlte die
Ebbe und Flut ihres Atems ohne ein Wort zu verlieren
das ich nicht zuvor gefunden hätte kein Festland
mehr in mir nur noch das Meer bis uns das Salz die
Lippen verschloß

ich wollte begraben sein in ihrer Brust doch längst
liegt ein Meer zwischen mir und ihr auch der Wind
und der Kamm jeder Woge vermissen ihr Haar
die Abdrücke unserer Füße Hohlformen von der
Zeit gefüllt wir gingen wohl aneinander entzwei
und nichts ist mir geblieben als der Traum jener
Tage festgehalten unter den Lidern und die
Ebbe nach der Gischt der Fluten

Vergessen

Nicht vergessen habe ich
so viele verlorene Augenblicke,
den River-Kwai-Marsch nicht
und das 1. Klaviertrio von Brahms,
die Sätze von Pythagoras und Kennedy,
das Wunder von Bern und das von Leipzig,
die barfüßigen Sommer der Kindheit,
den Main bei Würzburg am Abend,
die leuchtenden Jahre mit C.,
den 17. Juni und den 90. Psalm,
auch nicht das melancholische
Perfekt *gewesen* und die Frage,
was eigentlich alles in Gang hält.

Die meisten Antworten
kann man vergessen,
doch diese Frage nicht.

Ich habe nur leider auch
meinen Schal zuhause vergessen
die Orte, in denen ich nie war,
sowie den Grund meines Hierseins.

Es gibt sogar Momente,
in denen ich alles vergesse,
nicht zu vergessen mich selbst,

und dann ist es mir wieder bewußt:
wie der Wind wehte
und der Sonnenschein kam und ging
am Anfang meiner Zeit.

Manchmal

Mitten im Zentrum videoüberwacht
unter dem Gegenwartshimmel bin ich
manchmal vor Läden mit Dingen für
ein schnelleres Leben also schnelleres
Verbrauchen ein paar Atemlängen in der
Gegenwart einer Vergangenheit und spreche
lautlos Mörikes *Denk es, o Seele* nach nur so
ohne tiefere Absicht mit einer Stimme
die stockt unter Linden im Hain mit Kants
Ewigem Frieden und fernem Posthornklang
wie das verlorene ungehörte Rufen all
der Lebenden die jemals gelebt haben
selbst der Wind verhält den Schritt und bleibt
manchmal stehen als ob er lauscht

Auch ich träume in U-Bahnschächten
von einer vernetzten Welt aber spinnweben
stumm im Memento herbstlicher Wälder
ich lese abends wieder *Goethe erzählt
sein Leben* und ziehe dabei das Umblättern
der Seiten also das Knistern des Papiers für
die kurze Frist in der einem Atem verliehen ist
stoisch weiter dem Wischen vor jener verordneten
Pilgerfahrt die nirgends mehr ankommt
aus einer Heimat die keine mehr ist

Ahnung

die Galaxien entfernen
sich voneinander fort

während wir ahnen wohin
wir uns wenden müßten

immer zum Nächsten
wenigstens annäherungsweise

Face to Face
von Angesicht zu Angesicht
also anders als Facebook

das ist ganz leicht
im hellen Raum des Sommers

sich nahe kommen
ohne den Schutz der Ferne

das ist unmöglich
es lohnt den Versuch

auch wenn es selten geschieht
daß einer von uns

hinter dem Mienenspiel
den anderen wirklich sieht

erkennt man sich
doch kaum noch selbst

in den Zwischenräumen
der Tastaturen

Vorliebe für Tee

Straßenbild im Viereck des Fensters
der vorgegebene Rahmen für die Ausschau
nach euch, ihr lieben Toten
(uns trennt nur ein Atemzug)
in ein kleines Jenseits im Nahbereich

das mich beschäftigt wie die friedlich
schlummernde Schafherde der Wolken
darunter Menschen im Weitergehen
(lachend, als wären ihnen
Ewigkeiten gewiß)
und wie meine Vorliebe für das
sofort Konsumierbare, zum Beispiel Tee
oder das Frühlingslicht in den Gärten

das wußtet Ihr
wir sind nur zu Gast auf einem Stern
trotzdem müssen die Vormittagseinkäufe sein

das urologische Problem ist seit Montag geklärt
doch nicht das ungeheure
unfaßbare Geheimnis des Daseins

Bäume

gern
schaue ich
Bäume
zur Erholung
von mir

ausgesetzt
Stürmen, Kälte und Glut
legen sie sich
von Jahr zu Jahr
eine dickere Haut zu
in einer Standhaftigkeit
die wundernimmt

furchtlos
sehen sie sich um
wachsend
in die Höhe und Tiefe
Lauschende lebenslang
an mancher Wunde leidend
doch unverbittert
und erhobenen Hauptes
selbst in den Stunden
des Dunkelwerdens

vielleicht
weil sie wissen
woher
sie stammen
wohin
sie fallen

La Paloma

So oft ein Händedruck und du wußtest
nicht, daß es der letzte war.
Wenn Stühle und Tische wieder
hereingeholt werden nach verblühten Sommern
und wenn du erfahren hast,
daß etwas nur da ist im Entgleiten,
muß dich niemand mehr
in Sachen Heraklit belehren.

Von Ovids *Metamorphosen*
genügt schon der Titel.
Alles wandelt sich.
Wer ist noch derselbe
nach Jahren der Suche?

Leben war das, was geschah,
während du Pläne machtest,
und du wagst, noch nicht von
allen Wunden und Wundern geheilt,
das nicht Korrigierbare
kaum zu denken:

Schon neigt sich der Tag,
die Sonne sinkt.

Komm, etwas Tee zum Rum,
dazu Hans Albers mit *La Paloma*
und einen Traum zum Erinnern,
solange der Sturmwind sein Lied singt
und dein kleines Boot weiter treibt
auf dem offenen Meer der Zeit.

Intercity

Zurücktreten bitte!
Die Tage und Jahre
schließen selbsttätig
das Signal steht auf Schwarz

Auf der Zunge
der Kaffee vom Imbiß
und die verbrauchte Metapher
daß es für jeden dahingeht
schon von Beginn an
allein mit allen

Am Fenster fliehende Bilder
Straßen, Menschen und Felder
am Zug entlanggeweht
mit den Vorhängen der Bäume
die sich öffnen und schließen
bei deinem Verschwinden
und schnell ist alles vorbei
immer hat man das Nachsehen

Nicht hinauslehnen!
In der geräumigen Zelle
des Großraumabteils
gibt es keine Ausflüchte mehr
für das Vergessen der Träume
als Sonnen und Monde vergingen

Die Türen dürfen auch hier nicht
gewaltsam geöffnet werden
das ewige Leben
findet anderswo statt
und wer könnte sich losreißen
von seinem Platz in der Welt

Das plappernd-stolze Apparateglück
der Beschleunigten um dich herum
das dir die Sprache verschlägt
wirft dich nicht aus der Bahn
du hast schon manches aushalten müssen
vor allem dich selbst

Die Klimaanlage ist ausgefallen
noch mehr heiße Luft

Aber wer gibt schon zu
daß sein lautes Dauergeschwätz
nur die Unvermeidbarkeit des Endes
vergessen lassen soll
nach dem für uns alle
Stillschweigen sein wird

Folgerung

entgegen
anderslautenden Gerüchten
ist der deutsche Wald
nicht gestorben
sondern bewahrt
wie die tiefe Stille
der Stämme
die nur
sich gehören
und dem Himmel

alles Schweigende
weiß Bescheid untereinander
also ist der Wald
ein fremder Ort
für den Menschen

Talkshow

inszenierte Gemütserregung
das Format dieser Zeit
damit die Betäubung anhält
vor dem Großen Schlafengehen

in Zeiten der Krise
drängen sie ins Licht der Studios
Menschen als Marke etikettiert
vorhersehbare Rollen
für eine Weile herumgereicht
im Kampf um die Quote bei
vorgeschobenen Themen
verfallen und geopfert der Droge
öffentlicher Wahrnehmbarkeit

die Schwatzkanäle schwellen an
ohne jede Kläranlage
alle Angaben immerhin ohne Gewehr
es fehlt eine Warnung des Wetterdienstes
vor dieser Flut an Wörtern
die sich gegenseitig applaushungrig
ins Wort fallen meistens
mehr Stroh als Halm
und du weißt nur
daß dieses Reden genauso
ausweglos ist wie alles andere

wo wäre ein Satz, ein Gedanke
der nicht zerreißbar ist und der
seine Wirkung auf das Publikum verachtet?

Über Lektüre

Meine Schubläden fassen es nicht
was ich alles nicht lese,
zum Beispiel Bedienungsanleitungen
(ein entlarvendes Wort),
Schrottpapiere der Banken,
die angesagte Prosa der Saison
und ähnlichen Krimskrams,
sprühende analphabetische
Einfälle an Häuserwänden sowie
die Müllkippen der Tweets,
auch nicht Parteiprogramme
und sonstige Armutszeugnisse

Stattdessen sichte ich ab und zu
die Schönschreibhefte der Kindheit
und meine täglichen Denkzettel,
entdecke dabei neue Seiten an mir.
Fontanes Briefe kommen immer noch an,
ebenso Fernschreiben des Wandsbecker Boten.
Ich fühle mich heute heimisch in Kafkas
Fremdheit und studiere liebend gern auch
das friedvolle Gesicht einer Schlafenden,
die Physiognomie einer Landschaft in
wechselndem Licht und die Handschrift
des Seewinds im Sand.

Noch reizvoller sind höchstensTexte,
die man nachts liest,
sowie einem die Augen zufallen.
Der verrückteste Traum ist klarer
als die Wirklichkeit.

Im Hotel

In meinem Zimmer das nie ganz
zu lüftende Vorleben anderer.
Auch mich kennt man hier nicht.
Keine neue Erfahrung.

Die Schritte sind lautlos auf dem
Teppich im Niemandsland leerer Gänge
bei ständiger Deckenbeleuchtung,
einer Art ewiges Licht.

Es heißt, jeder Tag wird gegen uns
verrechnet von einem größeren Wirt,
mein kleiner Beitrag zur Gastronomie
ist also noch die geringste Sorge.

Zum Frühstück grobgehackter Wortsalat
eines ausliegenden Massenblatts,
der Blick in den griechischen Abgrund
und das groteske Euro-Theater.

Geschenkt, sage ich mir. Irgendwie
rentiert sich der ganze Aufwand nicht.
Keine Währung wird noch gelten
nach unserem hiesigen Aufenthalt:

Aber womit werden wir zahlen?

Hinter Kassel

fünf Kilometer Stau
auf der A7 die Heimat
im Rücken alles abgewürgt
das erinnerte Leben im Handschuhfach
unter europäischen Tiefausläufern

in der Welt habt ihr Angst
Stillstand heißt Schwäche
blick nach vorn das Land
erweitert sich zum Kontinent
unter den Rippen ein Pochen
kein Sicherheitsabstand möglich
Nebel kommt auf die Zukunft
die Vollendung der Planierung
Fortschritt: vom Menschen fort
was das bedeutet es können
Jahre vergehen bis man das weiß
ob es nach dieser Zukunft noch
eine Zukunft gibt zu spät
für den Rückwärtsgang soll man
so lange warten auf Vordermann
ausgerichtet die unstillbare
Sehnsucht des Ich preisgegeben
dem globalen Wählen und Suchen
jener Veranstaltung des großen
Vergessens also des geringsten
Widerstandes es geht nicht
voran es dauert und dauert

zähneknirschende Gedanken
Stoßstange an Stoßstange
über Aufs und Abs über
den Tod vor dem Leben und
das Leben vor dem Tod im
Betrachten der Landschaft
die verfehlte Ausfahrt die Freiheit
der Fernschnellzüge und jene
Sorge die älteste und so vertraute

wie lange noch und was kommt danach?

Sie haben eine neue Nachricht
Ihr Display leuchtet Ihnen
heim zum Nulltarif in eine
programmierte Endlichkeit
die erstbeste Zerstreuung der Gemüter
und Asche eine Frage der Zeit
für jeden der heute atmet
ohne Ansehen der Person
noch hält die Verweildauer an
noch haben sie Welt vor Augen
doch schon neigt sich der Tag
die Auflösung ist absehbar auch
die Erfüllung des Futur zwei:
alles wird einmal gewesen sein

Im Straßencafé 2

mir gegenüber
zwei Endzwanziger in den Anblick
ihrer Laptops versunken
andächtig wie vor Baalen
den uralten Steinen
in neuestem Design
oder wie ferngesteuert
Neuzeitbanales
das allen Allzu- Zugängliche
das Hindernislose
und All-Erlaubte
zur Pizza gereicht als Fertigware
wie Dosenbier
rettungslos bequem
eingekaufte Welt
Stückwissen häppchenweise
Huschwelt
nichts weiter
wisch und weg
schnellschnell verbraucht
damit Platz wird für neues

die Verkümmerung des Denkens
durch Zu- und Abrichtung
als Handlanger der Dinge
und wenn das System abstürzt
bleibt nur ein verlegenes Nichts

aus dieser Richtung
weht ein kalter grauer Siliziumwind
und die Luft in der Wolke
riecht nach Enteignung

Horoskop

Beginnen Sie den Tag
mit einem Lächeln,
dann haben Sie es hinter sich.
Das Leben fügt Ihnen und
den Menschen Ihrer Umgebung
erheblichen Schaden zu.
Wenn Sie im Tierkreis der Kollegen
mit Ihrem Latein am Ende sind,
hilft es, eine neue Sprache zu lernen.
Sollte Ihr Chef Sie rufen,
waschen Sie Ihre Hände in Schuld.
Er hat ein gutes Herz,
sein Kardiologe ist zufrieden mit ihm.
Halten Sie sich mit Gedanken
an seinen trockenen Humor über Wasser
und widmen Sie sich der
verbrauchenden Pils-Forschung.

Sollten Sie eine Pechsträhne haben,
färben Sie sie um.
Es gibt immer eine Lösung,
behaupten die Chemiker.
Wer aber das sogenannte Zeitgeschehen
tatsächlich durchsteht, ohne
sich aus dem Fenster zu stürzen,
muß sich ernsthaft Sorgen machen.
Zu warten, bis sich die IT-Branche
kaputtgelacht hat, ist keine Option.
Wahrscheinlich liegt es Ihnen mehr,
die letzten Euros zusammenzukratzen
für den Kauf eines Strickes.
Bei diesem warmen Wetter sollten

Sie sich aber nicht lange hängen lassen.
Sehen Sie's mal negativ:
Sie sind nicht allein. Denken
Sie an die Eintagsfliegen!
Auch sie haben sich ihren
Lebensabend wohl anders vorgestellt.

Jeder

für sich allein gezwungen
ein Ganzes zu sein

unter dem geographisch
fragwürdigen Himmel

in einer Höhle aus Zeit
mit einem Schimmer von Licht

solange die Policen es vorsehen
die Sehnsucht nach Erfüllung

im Erlebensfall eingetauscht
in Rentenansprüche

bis zum heimlichen Verdacht
daß wir unser Dasein nur träumen

als Träger von Bildern
die nicht kommunizierbar sind

trotz aller Vernetzung
bei weitem die größte Welt

ist jeder selbst
in seinem Haupt

in seiner Brust
sind die Arenen

in denen sich alles entscheidet

Halten

Ich halte mein Gewicht
und manchmal Hände,
doch Abstand zu jenen,
die nicht an sich halten.

Ich halte kein Haustier,
nur fast jedes Versprechen
und den Himmel für zu groß,
um ihn zu begreifen.

Ich halte mich an Gesetze,
sofern sie nicht unhaltbar sind,
halte aber jede Wette,
daß sich nichts halten läßt.

Ich halte die Daumen,
daß das Fischbrötchen noch gut war,
und das menschliche Gehirn
für den Grund allen Übels.

Wir sollten die Erde
schon deshalb in Ehren halten,
weil wir einer nach dem anderen
in ihr wieder verschwinden.

Im gebrochenen Licht eines Blätterschattens
ist es immerhin auszuhalten.
Hier lese ich weiter im Marc Aurel.
Es geht um Haltung,
wenn es kein Halten mehr gibt.

Preisfrage

Niemand hat sie gewarnt,
die ihre Haut zu Media-Märkten tragen,
ihre eigene einzige Einmaligkeit
in dieser Weltsekunde,
und nicht fragen nach dem Preis.
Das kommt sie teuer zu stehen.

Sie lernen keine Geheimnisse
mehr haben zu dürfen
und verlassen sich immer mehr,
doch worauf?
Rechner werden ihnen sagen,
wie sie leben sollen.
Wie lange wird es dauern,
bis sie digitalen Porträts
mehr vertrauen als Menschen
aus Fleisch und Blut?

Von mir aus.

Man hat immer eine Wahl
und sei es,
sich denen nicht zu beugen,
deren Geschäftsmodell darin besteht,
sie uns zu nehmen.

Jenseits der Klicks

lieber das Weite suchen
sich der Konsequenz im Falschen entziehen
so oft du kannst und Grün wählen
für dein Leben auf der Erde
dorthin gehen, wo Städte enden in Gärten
und Gärten in Wiesen und Feldern
dein Gesicht feinstaubverschont
gelehnt in den Wind weg von den Worten
unter dem wandernden Himmel
Gegenwart in den Augenblick füllen
die wirkliche Wirklichkeit außerhalb der eigenen
den Stimmen der Stille lauschen
wie dem Rieseln der Quellen
und den Zwischentönen der Vögel
die Wolken hören aus der Ferne zu

dabei bist auch du jenseits der Klicks
also auf freiem Fuß
hinter vorgehaltenen Augen süchtig
nach Bildern, gib es zu
aber solchen wie hier
wechselnd und doch dieselben bleibend
nicht im Augenblick verbraucht
wer soll dich aufhalten
wenn nicht du selbst
mit deinem Abitur aus der Kreidezeit
sowie etwas Tabak und einer Prise Vanitas
auf Mozart pfeifend
mit Goethes Faust in der Hosentasche
das vertraute Gehen in Staub
ohne den Terror der Verfügbarkeit
der eigene Abgrund genügt

Die Haltung der Bäume

längst geheilt
    ohne je erkrankt zu sein
vom Fortschrittsglauben
    verstelle ich mich nicht
um der Bloßstellung zu entgehen
    sondern orientiere mich
an der schönen Haltung der Bäume
    sie stehen, sie widerstehen
ihr Innerstes werden sie immer
    für sich allein haben

und spätestens in alten Alleen
    mit dem Duft von Septembern
weiß ich es wieder
    ihr Netz über mich werfen
darf allein die Zeit

ich akzeptiere
    die Nutzungsbedingungen:
einmal leben zu müssen
    nur einmal leben zu dürfen

Luther fragte

Schatten von Bäumen und
Häusern mit einem schwachen
Schein aus der Kinderzeit

für die Maurer auf dem Gerüst
ist noch alles im Lot
sie sind besser gerüstet
als wir Erben verkehrter Träume
im bodenlosen Präsens
kurz angebunden an
den Pflock des Augenblicks
die warten
doch nicht wissen auf was
und abends nach Sonderangeboten
der Discounter googeln
oder nach der günstigsten Flatrate
für die Betäubungen
überall Köche als Suppenkasper
aber wer von uns
ist nicht immer ein Fremdling
und allein
in den Herden die Asche von Sternen
ehe die Erde in Nacht versinkt
mit der letzten Klage der Vögel
Luther fragte noch
nach einem gnädigen Gott

und was hast *du* eigentlich
gemacht im Regen im Nebel im Wind?
du hast mehr Glück verbraucht
als du selbst erzeugtest

Der Kran

der Kran
macht auf dem Absatz kehrt
und streicht behutsam
mit langausgestreckter Hand
(seiner einzigen)
wie tröstend über den Scheitel
des Mietshauses nebenan
als wisse er um die prekäre
Situation der Bewohner
mit ihrer Last der Individualität
im Zeitalter der
allgemeinen Verunsicherung
Imitate deiner selbst
ihre Wirklichkeiten
weggebend an Bilderfluten
und Worte aus Schilf
die sie schon vergessen
bis zur nächsten Werbeunterbrechung

nur wer spätabends
das Licht löscht
gewahrt im Fensterviereck
bei genauerem Hinsehen vielleicht
die Tiefe der Sternennacht

Spiel des Lebens

die erde ein ball mit welchem
ziel in der tiefe des raums?

die welt ein rasen ein feld
die überwachte kampfzone
für extreme gefühle wo jede regung
der kugel gehorcht alles
ist emotion seit dem urknall
dem anpfiff oben überwiegt blau

die wand der tribüne ein optisches
piktogramm zehntausende anonyme
wesen getrennt durch den
gemeinsamen nenner feindbild
der alte glaube an sieg aber auch angst
vor dem abstieg im alter oder
vielleicht schon in dieser saison

auf dem immer zu kurz kommenden grün
die vermarkteten in den trikots den farben
ihrer nahkampfausbildung zwischen tabu
im strafraum und tödlichem ball an den pfosten
die kerben früherer siege erinnertes erbe
nach anfangsgeplänkel steigerung der laufbereitschaft
seit frühester kindheit ein pressing
der lippen im mittelfeld vorbeugende abwiegelung
für den fall daß die wahrheit herauskommt
das fehlende training in stoa und die schwäche
der außenverteidigung gegen das flügelspiel des
gegners ein largo von kampf und händel wie
das leben so spielt alles live
aber die zuordnung der bodyguards stimmt

die defensive hält stand links und rechts
wie ein kontinent gegen den ansturm anderer
glücksucher wichtig ist die räume eng zu machen
und falls jemand durchkommt ihn ins abseits
zu stellen arme werden ausgefahren mit
kalkulierten augenwischereien und taktischen fouls
nicht ohne schaden für leib und leibchen die
verstöße gegen die wade des menschen eine
frage der distanz zum nächsten darauf wird
gepfiffen man gibt sich die kugel schlimmstenfalls
köpft man oder würgt ab im getöse der
gegenwart beißen manche ins gras zu
boden gesunken also auf den grund ihres seins

auch die peripherie längst im zustand vergrößerter
unruhe und gerangel der körper mit scharfen verbalen
hereingaben von außen und parolen gegen den schmerz
fragwürdige wechsel von der datenbank verletzungen
häufen sich vielleicht narben für jahrzehnte
ein spiel das erkennbar dem dasein ähnelt
also ein sturm im wasserglas auch mit
hochfliegenden träumen im eigenen innenraum
die ins aus gehen die wahrheit ist auf dem platz
der ball kommt selten aus der erwarteten
richtung chancenverwertung insgesamt leider
mangelhaft alles noch verkompliziert durch
die anwesenheit anderer die einem nichts
lieber gönnen als den verlust

migrantische techniker weisen sich zwischenzeitlich
aus mit jetzt legalen doppelpässen doch man
findet vom pech in manndeckung genommen

das tor nicht kurze drehung neben dem
stadion gibt sich jemand einen schuß aus
dem hintergrund müßte rahn schießen ein
leben lang der eine satz das eine bild

spät dann doch quantensprünge vor freude
über die mauer aus furcht und abwehr geht
einer oben präzise ins netz eine standardsituation
digital aus dem nichts in der leere zwischen null
und eins der treffer unhaltbar aber was
wäre das heute nicht der gegner ausgesetzt dem
vergehen der zeit bis zum abpfiff wie jeder im
anrennen gegen den zufall und die ungerechtigkeit
die vergeblichkeit leugnend der anstrengungen
den ausgleich zu schaffen zwischen wunsch und
erfüllung ringend um atem bis seine sonne vergeht
vor der kulisse aus lärm doch auch noch so
berechtigte einwürfe und tricksereien mit dem
absatz ändern nichts mehr an der bilanz das
spiel ist aus

nach der vollen tribüne hinterher wieder
das leere stadion multifunktional mithin
zeitgemäß seelenlos schwer zu sagen
woraus mehr einsamkeit spricht

warte nur, balde ruft auf dem parkplatz unter
hauchlosen wipfeln ein häuflein übriggebliebener
verlierer also anhänger deutscher poesie
wahrheitsgemäß einigen jubelnden fans der
momentanen sieger zu man wird sehen

Wörter

Nicht nur in Zeiten knapper Ressourcen
und künstlicher Lärmschutzzonen
empfiehlt sich sparsamer Umgang mit ihnen.

Beredtes Schweigen genügt oft.
Es schont die Goldwaagen
und vermeidet das Glatteis

zwischen den Sätzen.
Oder es sagt, was nicht sagbar ist.
Wer schweigen kann, der hat gut reden.

Von ihren vertrauten Gesichtern
sollte man sich nicht täuschen lassen.
Gerade große Wörter sind Leergut geworden,

schepperndes Stanzblech,
längst begriffen von allen Händen,
bis zur Unkenntlichkeit entstellt

in einer verspielten Gesellschaft
und wahrscheinlich ohne Zukunft
wie das abendländische Gerede

vom freien Willen, von Verantwortung,
von Selbstbestimmung und Würde.
Das alles verkümmert bereits

unter den Planen der Automaten
und ist bald nur noch
im orwellschen Sinne benutzbar.

Sinnvolle Übung

Landschaften zeigen jedem,
wie man die Jahreszeiten still
und mit Gleichmut erträgt,
ausgeliefert seinem Körper.
Auch die sie umstellenden
Birnbäume sind unerschüttert.

Neuerdings breche ich
auf mit dem Gegenwind,
so laut mich auch der Tag umgibt,
und schlage mich landeinwärts
mit meinem stummen Monolog
als letzter uneinnehmbarer Bastion
vorbei am Duft von Coffee-Shops,
der nach Städten schmeckt
und ungefiltertem Lärm,
auf die bedrohte Seite des Schweigens,
aus dem alle Kraft kommt
im Schwindel der Wirklichkeit
mit dem nichtssagenden
Geräusch der Wörter
und das sich herumsprechen müßte,
so daß alles Leise laut wird
und alles Laute still.
Selbstredend wäre ich ganz Ohr.

Einen Baum wachsen sehen.
Wer wüßte ein besseres Training
für jenes Schweigen
von unbestimmter Dauer
nach diesem kurzen Praktikum Leben?

Monolog ohne Worte

das Wetter hören
wenn Wasserfäden sich
gleichmäßig herunterspulen
jeder ein Imitat des anderen
die Plagiatswelle rollt und
keine Pflanze beklagt sich darüber

ein selbstzufriedener Landregen
Silbe für Silbe flüsternd
versunken in seine eigene Wahrheit
der sich nicht darüber definiert
wie er bei anderen ankommt
sein Geschäft läuft trotzdem
von Wolken gesponsert
den nie genug gewürdigten
deren Bedeutung für
den öffentlichen Dienst
keiner das Wasser reichen kann

ich trete unter das Laubdach
in die verhangene Regenstimme
und die unaufhörlich verrinnende Zeit
ich lausche ihr gern
ins Uhrenlose versunken
ohne Lust auf einen meiner Widersprüche
und muß nicht auf den Malediven sein
mir genügt es schon
die Zeitgenossen nicht ständig
wie verrückt telefonieren zu hören
und daß es jetzt duftet stark
und gut nach nassem Laub

Verlassen

ich träume von einer verlassenen
Hütte in Norwegen
unter einem Himmel
dessen Blau mich nicht verläßt

mich verlassen meine guten Vorsätze
die Zähne und Haare
mich verläßt mein Gedächtnis
der Qualm meiner Pfeife
mein Urin und die Geduld
mit dieser Regierung

mich verläßt nicht
meine Vorliebe für graue Pullover
für Alec Guinness in „Die Brücke am Kwai"
für einen korrekten Kausalsatz
und das 19. Jahrhundert
auch nicht diese leise Trauer
mit der einen das große Vergebens erfüllt
im Wegwehn der Tage

wer mich verläßt
ist übrigens selbst schuld
ich bin immer da außer dienstags

noch am ehesten Verlaß in
dieser gottverlassenen Welt
ist auf das Pfeifen im dunklen Wald und
einen passenden Sicherheitsabstand
zur Realität sowie auf die Schrauben
weil sie noch alles zusammenhalten

Du wanderst

die Kindheit als Proviant
durch den unfaßbaren Garten Welt

einmal aufgebrochen
hieltest du nie wieder an
und übergehst auch
die Hügel und Schluchten
unter dem stummen Beistand
der Wolken gegen den Wind
im Luftzug der Jahre
dich stemmend
mit deiner Sehnsucht
nach wortlosen Zuständen
hin zu den Zonen aus Grün
die den Herzschlag verlangsamen
in aufrechtem Gang
der Sonne entgegen
unversengt von den Schatten
und abseits ausgetretener Pfade
also der Holzwege
mit sehr dichtem Verkehr
vorbei an den Provisorien
auch du bist eines
im unendlichen Raum
unter den Wiesen der Sterne
oder auf inneren Augenstraßen
Nebelfeldern der Träume
mit den Sackgassen der Gefühle
nach tausendundeiner Nacht
Eintragungen in Gipfelbücher
und sehr viel Wüsten

unterwegs durch Landschaften
der Erinnerung wie
dunkelnde Wälder am Abend
Brunnen vor dem Tore
früher Tau und hohe Tannen
jenseits des Tales
in deinen Synapsen gespeichert
das Flimmern auf Seen
mit Musik von Terrassen
Fußnoten zu den Segeln
der Wolken und unbesiegbaren
unwiderruflichen Sommern
in dir voller Nöte
und Seligkeiten mit dem
Glück der Ermattung

das Heu duftet
über die Zäune der Gärten
immer noch bist du
ein Wanderer
über das Antlitz
der Erde
(wer ist denn mehr?)
auf schwer einsehbaren Wegen
der Zuversicht durch ein Leben
dich zappend
das du mit jedem Schritt
selbst im Ruhestand
zu verlängern suchst
ohne zu wissen wohin
das Rätsel der Rätsel fühlend
(wir nennen es Sein)

doch du sputest dich nicht
allein im Schatten
der sich zum Abend hin weitet
bis du das unbekannte Ziel
hinter der letzten Pforte erreichst
ganz außer Atem

Im Garten

Der Nachmittag räkelt sich im Rosenstrauch.
Alle Farben der Blumen stehen leuchtend still
unter preußischem Blau zum Appell angetreten
vor dem gesenkten Lichtblick der Sonne
wie zum Beweis gegen die bekannte
Ungewißheit der Erscheinungen.

Besuch von schwarzgekleideten Gästen,
zwei zutraulichen Amseln,
die dicht vor mir einschweben.
Sie zwitschern pausenlos und ich streue
das eine oder andere Schweigen ein.

Die ontologische Frage wird geklärt.
Wir bestätigen uns gegenseitig, daß es uns gibt
und dieses wunderbare Geschenk der warmen
Sonne und des frischen Grases.

Später setzt Dämmerung ein mit jenem
Abschiedsblick des Lichts,
bald kommt der Abend nach Haus,
die Pforte beschließt den Tag.

Die Nacht ist schon wach und die alte Erde,
deren Außenhaut wir erst seit kurzem bewohnen,
wird wieder Stern unter Sternen.
Morgen wird heute schon Gestern sein.

Wäre eine neue Rosenschere eigentlich
noch eine bleibende Anschaffung?
Jäh der Gedanke, der meine Kehle preßt:
wie wir die Zeit versäumen.

Washington ruft

Washington ruft zu neuem
Anlauf im Weltraum auf
eine Sonde liefert
erste Proben vom Mars

wie kamen wir hierher?
wozu?
und wo treiben wir hin?

ein Anblick vergehender Zeit
im Wirbel der Sternennebel:
abends kommen die Schatten
als wollten sie prüfen
was wir täglich
hinüberretten von uns

du stopfst deine Pfeife
gegen die Unaufhaltsamkeit der Nacht
und legst letzte Hand
an die Haustür
wo unter der Matte der Schlüssel
liegt für ein ungestörtes Zuhause
wenigstens Stille ist
hier in Sicherheit

was kümmern dich ferne Welten
klein war dein erster Schritt
und klein wird dein letzter sein

Im Mondlicht

die Nachrichten am Abend
das großgeschriebene Heute
immer nur Heute
das rasch vergißt
Heute nur
Zeit ohne Zeit
präteritumslos

später im Garten
bewege ich mich leise
um nicht die Steine
zu stören im Schlaf
die regungslos sind
wie der steigende Mond
dessen Milchflut
sie überbleicht
und dafür sorgt
daß die Nacht sie findet
kleine Spiegel
aus fernen Zeittiefen
sie ruhen sich aus
von den Jahrhunderten
jeder ist einzigartig
vom Dasein lädiert
doch an Risse und Wunden
längst gewöhnt

alle Dinge müßten so sein
wie sie hier auf der Erde
schattenumhüllt
so einfach und dauerhaft und still
sie werden noch da sein

wenn keiner mehr
etwas von uns weiß

und ich?
die Schatten wachsen in mir
doch ich bin noch nicht genug
von mir selbst entfernt
und schlage mich weiter durch
außerhalb der Zeit
der anderen
nachtwärts
auf mondbeleuchtetem Weg
bis zum letzten Bett
mit meiner Wunde
aus Versäumnis und Schuld
die nicht verheilt
und stärker ist
als alles schützende Vergessen

keiner außer mir
weiß warum

Programmgemäß

Im Radio Gustav Mahlers
Lied von der Erde.
Ich lösche das Licht
und trete ans offene Fenster.
So erlischt einmal die Welt.
An den Häusern hängt die Nacht.
Still sind oben die Sterne
und unten die Gräber mit ihrem
schönen Sinn für Distanzen.

Ein Windstoß kommt,
ein Stoß geballter Zeit, und
die Gardine flattert ins Zimmer.
Das leise Rauschen der Bäume.
Ob ihre Blätter die Ewigkeit
ahnen im Wind?

Was hast du eigentlich
am meisten geliebt?
Schwer zu sagen.
Und wen?
Die Antwort darauf fällt leicht.

Über der Nachtklingel an der Apotheke
leuchtet die Aufschrift *Ich komme.*
Die Zufahrtswege müssen jederzeit
frei bleiben, aber die Parusie
verzögert sich weiter.
Nur der Globus dreht programmgemäß
hartnäckig seine Runden seit
13,8 Milliarden Jahren, unbeeindruckt
von der Episode Mensch.

Eine Form der Verneinung

müde der Wahrheiten
hänge ich den verbrauchten Tag
in den Schrank
meiner schon verblassenden Erinnerungen
und lasse im Bad
das Vergängliche der Seife sowie
Handtuch und Zahnbürste zurück
denen ich mich eingeprägt habe
wem auch sonst

für die Nacht
die nichts mehr verbirgt
gibt es inzwischen Beweise genug
unser Ort ist im freien Fall
wir sehen zu
wie uns alles entgleitet

ein Auto fährt Licht
an die Zimmerdecke ein Leben
blitzt auf und schon ist es vorbei

nebenan tropft ein Wasserhahn
langsam sein eigenes Zeitmaß
eine Form der Verneinung
die ich gut verstehe
trotzdem müßte mal jemand
Stop! sagen
und zwar bei fast allem
und zwar sofort

ich taste mich
vorwärts im Dunkel
wie man es immer macht
vermutlich jeder
(Gott weiß wozu)
reiche ihm noch einmal
fest die Hand
enttäuscht vom Menschen
also auch von mir

decke mich dann zu
mit der Nacht und
fühle mich ständig
an die Zukunft erinnert
in der Ferne
wie leiser Donner
die millionenfüßige
Invasion der Immigranten

doch Schlaf ist ein großer Anästhesist
vermutlich für eine gewisse Zeit
die sicherste Art des Entkommens
im Rahmen der Unverhältnismäßigkeit der Mittel

Am Ende des Tages

ich liege quer zur Zeit
auf den weißen Wellen
meines Lakens und schüttle
die Stille des Kissens auf

die Dunkelheit legt sich zu mir
und deckt auch diesen Tag gut zu
der für mich gestorben ist
jetzt also Makulatur wie meine Zeitung

die Traueranzeigen veralten
weniger als der Rest
früher hielt vieles länger
doch keiner fragt warum
die Zivilisation ist bequem
eingerichtet im Verfall und
macht immer noch Fortschritte
wie im späten Rom
jenem Schoß ferner Zeiten

dann kommt mein Schlaf
eine langsam wachsende Mauer
die von allem trennt
aber einen Ausweg ins Freie läßt:
so kann ich träumen
daß ich sie nur träume
die Zerstörung der Vernunft
und den allmählichen Abschied
von uns selbst

doch wie entkomme ich
morgen früh der Nacht?

Alternative

statt die alternativlosen Ein-Sätze
jener Entzauberer ernst zu nehmen
die sich für fortschrittlich halten
und auf Plünderung aus sind
könntest du wieder einmal versuchen
das Alphabet der Wolken zu entziffern
im flüchtigen Anblick der Wahrheit
wenigstens annäherungsweise

am besten von einer Almwiese aus
im eröffneten Sommer
mit freiem Zugang
zu der geschlossenen Gesellschaft
von Gänseblümchen
und dem Luxusartikel Stille
ohne die lästige
Mitteilungsfunktion der Sprache
oder die Vormundschaft
eines Computers

fast verlernt im Angriff
der Gegenwart auf die Vernunft:
das Daliegen in den Himmel
den Kopf auf den Händen
in summendem Grün
unter dem weit aufgerissenen
Blick der Sonne
lange schon her
daß das Haar sich in Blumen
verfing und die Schultern
sich drückten ins Gras

Lichtung

Blau steht zwischen horchenden Bäumen
und schweigendes Licht
die Neigung dieser Farbe zu Transzendenz
auch Kühle und Einsamkeit

ab und zu Vogelrufe
der geniale Einfall der Stille
sich hörbar zu machen
und tonangebend zu werden

manchmal teilst du den verbreiteten Irrtum
in dieser Welt zu Hause zu sein
aber woher? wozu? wohin?
es gibt noch ewig geschützte Daten
von denen wir Schattenwerfer
keinen blassen Schimmer haben

manchmal hättest du gern die
metaphysische Genügsamkeit der Bäume
sie werden leicht hundert Jahre alt
machen offenbar alles richtig
du magst auch den Löwenzahn
weil es für ihn keine Vase gibt

und wenn die neuesten
Aufforderungen zur Selbstentmündigung
am Horizont erscheinen
duckst du dich tiefer ins Grün
im sicheren Vertrauen darauf
daß dich kein Vogel verpfeift

Unter freiem Himmel

mein privates Management
des öffentlichen Raumes

Spaziergang als Lebensform
ein schwelgerisches Gehen vorbei
an der Ortlosigkeit des Netzes
eine Unabhängigkeitsbewegung
wohin auch immer nur nicht
von A nach B den Wiesenbächen
und der Kindheit lauschen
statt der Dauerberieselung in
den Kaufhäusern die Evidenz
des Einfachen eine Wahrheit
anderer Ordnung der Wert des
zweckfreien Raums jedenfalls
nicht auf Pixeln gegründet die
leichte Dünung wehender Gräser
ein Stück Erde ohne Asphalt
Wege durch Marsch und Heide
meine Spuren im Staub das Violett
einer Distel am Hang das Braun
der Felder der Gesang einer
Lerche und alles live auf der
begrenzten Strecke Leben der
Zeiger der Uhr für ein paar
zögernde Stunden angehalten
kein Ergriffensein von Tastaturen
die freie Stirn badet im Wind

Distanzierung als Selbstschutz gegen
die Standardisierung des Bewußtseins
und ein heruntergeladenes Glück
mein Rückgrat gelehnt an den
Rückhalt der Bäume wie an ein
weiter gültiges Versprechen ein Suchen
nach Orten für den Empfang der
Stille mit der einzigen Gewißheit
des Atems und dem verheißungsvollen
Rätsel einer Landschaft statt der
Unerheblichkeit von Bürotürmen
die das Einsehbare verweigern
mein Bedürfnis nach einem Horizont
jenseits der Touchscreens und
der Leere in den Ballungszentren

Fortschritte

Gehen ist Fortschritt
was sonst

unterwegs zum Anfang
ein Plädoyer für das Naheliegende
den Anschein von Ursprünglichem
gegen die demiurgische
Tendenz der Apparate

ein Traum vor dem Pc
am Bildrand weitet sich
das Fenster zum Grün-braun
hügeliger Felder und zu
sandigen Wegen an Teichen
in einem Licht
das den Raum erzeugt
ein Tännlein grünet wo

du schaust die Stille
und alle Sommer
die in dir schweigen
rühren sich wieder bei
Rückbindung und Klarheit
im Klang und Duft der
ländlichen Erde der Fuß
der Schritt ist das Maß
ein Hauch Rousseau
und Rückstände von
Eichendorff Erinnerung
an den Grund

erneuertes Bewußtsein
der Kreatürlichkeit
und diese spüren
im Hier und Jetzt
sie wirklich spüren
mit einem Atem
der weit geht
und von weit her kommt
die Gedanken holen Luft
unter den Schatten der Linden
Bäume wie von Dürer
die in deine Brust
sich verzweigen
das Blättern des Winds
schönstes Geräusch der Welt
nach deinem privaten Ranking
wie nah ist hier der Pfad
zu dir selbst …

und wenn du dann aufwachst
mitten auf dem Weg
erschrickst du vielleicht

das wäre ein Fortschritt

Scheidewege

die heitere Transparenz
eines Junimorgens

so lange schon mich
ungern in der Menge verlierend
also nicht auf dem Hauptweg
dem des geringsten Widerstands
sondern lieber neben der Spur
biege ich auch jetzt ab
in schüchterne Seitenstraßen
mit Bäumen und schattigen Plätzen
gegen das spürbar wachsende
Sendungsbewußtsein der Sonne

ich brauche diese Beleuchtung nicht
sie erhellt nur Oberflächen
und ich dringe gern tiefer in
die unbegreifliche Realität
immer den Fragezeichen nach
doch bis zum Äußersten würde ich
gehen erst im Bergwerk der Träume
wenn nötig querfeldein
hinweg über alle Zäune
bis zur Parkbank
meiner ersten Liebe
vielleicht zu den Galapagos
ans Ende der Welt
womöglich in ferne Jahrhunderte
oder gleich zum Abschaffen der Zeit

wenn ich sehe
worauf wir zugehen
durch Stadtbild und Landschaft
zielstrebig in die Irre
mit Iban-Nummern
und wehendem Haar oder gesträubtem
bei den Anschlägen der Tastaturen

ich blicke mich um
keiner ist hinter mir her
außer der Zukunft
neben dem unablässigen Wissen
um die Flüchtigkeit des Lebens
man hat sie eben gerade
erst kennengelernt
die Morgen und Abende
die Himmelsrichtungen
und schon ist es vorbei
kaum Zeit zum Nachdenken

letzte Klarheit in diesem Licht:
einmal wird es ein Pfad sein
auf den hin wir leben
einer ganz ohne Wahl
den jeder zu gehen hat
in das Land ohne Traum und Wahn
wo schon die meisten sind

In hinteren Wäldern

keine Zeit wie diese
Schleuderzeit
die selber keine hat
sich zu besinnen

ich finde meinen Vorteil
im Abseits, in einer Zone
der skeptischen Verlangsamung
gehe gern in Büchern
und anderen Zeiten umher
weil sie die Ruhe alles
Vergangenen in sich tragen
ich bin lieber Diogenes
als Alexander und lebe
bewußt in hinteren Wäldern
um vor mir bestehen zu können
fern von den kurzfristigen Siegern

untertan nur den Wolken
kehre ich in mir ein
gebettet in Schweigen
deckt mich die ehrliche Haut
einer sanfthügeligen Landschaft
die niemals betrügt
und es falten sich ganze
Berge in mir

doch mehr und mehr
reut mich der breite Fluß
den ich durch meine Finger rinnen ließ
ohne einen Tropfen zu trinken

An der Außenalster

ein Tag voll Sommerluft
geharkte Plätscherwellen
hinter den Booten
gleich glucksendem Gelächter
über die ewige Frage
nach einem letzten Grund

das weiße Gewölbe der Schwäne
mehr ein Schweben als Gleiten
Exempel von Ruhe statuierend
ihre Hälse wie glasgeblasen

bunte Blumenmuster eingewebt
im Teppich des Rasens
die Weiden halten die Stirn gesenkt
das Ufer wäscht ihr Haar

laufend keuchende Jogger
im Kontext der Selbstoptimierung
die Ohren verstöpselt
gegen das Rascheln des Laubs

drüben die Skyline Hamburgs
im Häusermeer Chips aus dem Vorgestern
das Kupferhaupt ehrwürdiger Kirchtürme
wie gottgegeben für uns Hinterbliebene

diese schöne Aussicht läßt sich
vermutlich kaum überbieten
der Umweg nach Sylt entfällt auch
im Blick auf den letzten Kontoauszug
und die kurze Spanne meiner Tage

Ostseeküste

einer der unbegreiflich schönen Züge auf dem Gesicht
der Erde oben das Dunkelgrün eines Streifens Wald
der weiße Kalksaum darunter manchmal blühend
vor Seevögeln dazu das zweierlei Blau von Himmel
und sanftem Meer in allen Schattierungen wechselnd
bei diesem Licht als läge eine fest glasige
Sandlandschaft tief unter einer fernen fremden
Küste jenem Land zwischen den Wolken

es ist als wüßte jede Farbe genau von den anderen
so sehr nimmt sie teil so sehr sorgt jede auf ihre Art
für ein Gleichgewicht das über den Tag über das Heute
hinausreicht und über uns

hier wird die Zeit seßhaft die Vergangenheit ist noch
immer Himmel und Meer spiegeln einander wie ein
schweigendes Paar gleichgültig gegen alles Zukünftige
und die Asphaltierung der Welt nur Möwenschreie
zerreißen die dünne Membran der Stille eine Stille die
ganz am Anfang war und immer noch ist eine
unwiderrufliche Schenkung trotz aller gegenteiligen
Bemühungen des Menschen von dem einst bleiben
werden seine Maschinen die ihn ersetzen

Amrum

vor dir
dem im Wind am Strand
das bloße Dasein
herrlich den Atem verschlägt
der unendliche Raum
des Meeres
der Gestalt bekommt
durch die Wolken

sie rauscht in
flaschengrünen Zeilen heran
von langer Dünung
über reglose Tiefe getragen
eine Botschaft
von Salzluft umweht
auf das Wasser geschrieben
deren Absender niemand kennt

die Wellenerwartung
breitet sich aus wie deine
im Herzschlag des Meeres
bis sie in Schaum vergeht
und auf der Flut reitende Möwen
die von der Nachricht
Wind bekommen haben
diese kichernd davontragen

so findest du
im weichen Donner der Brandung
keine Antwort
auf deine heimliche Frage
die dir stärker als er
in den Ohren rauscht
unter einem Himmel
in dem man vergeht:
wie ist es möglich zu leben
wenn doch die Elemente dieses Lebens
uns völlig unfaßlich sind

Nachmittag am Meer

Wie sind wir hierher gekommen an den brüchigen Rand der Welt
mit Schutzfaktoren auf der Haut vor hügeligem Flaschengrün?
War es die Hartnäckigkeit der Sonne,
die den Raum eroberte und uns?
Epochen traten ins Licht und wieder in den Schatten zurück.
Der Mensch steht Modell für den Roboter.
Reiche vergingen und Systeme, von den Fluten verschluckt.
Meine Zehen zeichnen eine neue Keilschrift in den Sand
im dritten abendländischen Jahrtausend.
Ein Leben lang vergeblich lernen, was Leben ist.
Anders bringt man kaum seine Zeit herum, während
vor dem Wasser, aus dem wir gekommen sind,
weißer Schaum liegt wie eine Chiffre für alles.
Die Möwen stürzen und kreischen, als wüßten sie Bescheid.
Hoch oben die Wolkensprache und irgendwo dort
jemand mit unbegrenzten Vollmachten, wahrscheinlich.
Wir hätten erfahren können von Eingeweihten:
Ihr seid zur Freiheit berufen!
Doch wer weiß schon, ob der Himmel einst so war wie jetzt.
Die Kette der Pilger zum Kiosk reißt nicht ab,
denn er hat kurzfristig etwas gegen den ewigen Durst.
Vor der Mole halte ich eine Muschel ans berauschte Ohr,
später Nachhall unbekümmerter Tage,
auch sie versunken ins tiefe Plusquamperfekt.
Wir haben es weit gebracht, lautet die frohe Botschaft
der Experten für Makroökonomie.
Und wohin wandern wir in der Nacht mit Straßenlaternen
als einziger wegweisender Erleuchtung?

Im Chiemgau

Glück ist die Suche danach
im Kampf mit der abschüssigen Zeit
und vielleicht eine Frage der Epidermis

die bekannte Anziehungskraft von Oberflächen
aber pflanzennah mit dem Zuspruch des Feldwegs
sich des Bodens versichern
auf dem man steht
fern vom Marschtritt der Rechner

der Himmel eine weißblaue Unendlichkeit
die Wiesen baden in Sommer
eine Aufwertung der Peripherie
die Weltkarte verstaubt im Schrank

mit Föhn in den Adern geht es
an grünen Augenweiden entlang
bepflanzt mit den sanften Blicken der Rinder
und Gänseblümchen wie Schaum
auf den Lippen neben lautlos
flutenden Baumschatten unter
fernem Wolkenflug und Sonnenstrahlen
ein weiträumig honigfarbiges Licht
das den Dingen alles Schwere
von den Schultern nimmt

eine Landschaft als Glücksbringerin
der richtige Nährboden
für einen Zustand namens Stille
inhaliert über die Fußsohlen
gleich, schon beim ersten Betreten

dahinter die unumstößliche
Wahrheit der Berge
ihre Rücken fließende Linien
eines gelassenen Ein- und Ausatmens
Beruhigungen
aus lange gültigen Gesetzen
den maßgebendsten
soweit man sieht
unter einem bayrischen Himmelszelt
mit den beneidenswert
weißen Westen der Schwalben
und einem übertragbaren Bild:
das Volk der Krähen schart sich
der Adler kreist einsam

Voralpenszene

ein Bild von einer Landschaft
die Kulisse der Berge
eine kleine Herde
regloser Riesenwale
gesättigt von Erinnerungen
mit fotogener Überheblichkeit
und der typischen Standhaftigkeit
Liegender zum Ruhen
um das stille Tal gelagert
das längst seinen Frieden
mit ihnen gemacht hat

doch wenn sich der Morgen
an ihren Rücken entzündet
in der aufsteigenden Sonne
scheinen sie zu blinzeln
noch schlaftrunken
dann aber gewaltige Strahlenbündel reflektierend
nicht sensorengesteuert
einfach konkurrenzlos
soviel du weißt
ein Fest für Pyrotechniker
durch Lautlosigkeit noch bezwingender
und ein Beleg für die
Selbstherrlichkeit der Natur
nur schade um die schöne Verschwendung

abends im Schatten
liegen sie wieder unbehelligt da
die Luft ist rein

Später Abend in Rijeka

selbst im Schatten der Bäume
ist die Luft
noch warm wie ein Bad
die Sonne geht
blutrot unter
jemand bittet mich um Feuer

links und rechts schwimmende Laute
Gelächter klimpern
ein Tanz der Gebärden
die Wendungen der Profile
Rotweinpfützen im Sand
die Adern voll Dasein
ein Duft nach Sommer
und anderen Narkotika

anrückende Wolkenzukunft
ob das regionale Gewitter kommt
über Europa ist es schon
ein Traum für alle
mit Migrationsvordergrund
in der Ferne ein Grollen
dumpf trommelnd
gegen den Horizont
eine Ahnung vom Anfang

wer wartet auf uns
in den Tiefen des Alls?

in der anschleichenden Nacht
und dem Wetterleuchten
der Zweifel noch ein Schluck
einfach Gegenwart sein
ein Empfangender bleiben
einen Lidschlag lang des Universums

ich schüttle mein eiswürfelgefülltes Glas
und sehe das Erreichte
die kurzen Augenblicke von Freiheit
auch das so oft gelungene Scheitern
Leben ist die Summe von Fehlern
die wir Erfahrung nennen
ablesbar an den Enttäuschungen
die man bereitet und erlebt hat

kurz nach dem Urknall
muß etwas völlig falsch gelaufen sein

der Tag verblutet langsam
aus dem Schnitt des Horizonts
Dunkelheit versammelt sich
schon bei den Zweigen
vielleicht wäre dies das Glück:
unter ihnen zu wohnen
ein Baumleben lang

Ägäis

weiße Fähre auf Tintenblau
dem Riesenspiegel des Meeres
das den attischen Himmel
zu trinken scheint

Inseln gleich braunen Schädeln
versunken im Schlaf
unter der schweigenden Decke aus Azur
schwimmend in Strahlenfluten

weit strecken die Felsen
sich aus ins Meer
als versuchten sie eine Umarmung
und möchten ihm ewig nahebleiben

am weißen Strand fließt spätabends
die Nacht in die Muscheln
und das Meer weht herüber
mit seinem großen Atem

vor manchem hellen Haus
schimmern im Mondlicht
Reste von Marmorstatuen
wie eine antike Mahnung

nicht sie sind die Zerbrochenen
wir selbst sind das Trümmerwerk
Irrläufer zwischen geborstenen Steinen
unter einem Dach aus Sternen

Auf Kos

die Sonne traf uns
noch am frühen Abend
im Rücken wie eine Kugel
aus purem Gold

ich erinnere mich genau

vorn am weißen Strand
bückte sich ein alter Mann
nach lebenden Muscheln
es sah aus
als ob er sich vor dem nie
anachronistisch werdenden Meer verneigte

was für ein Bild

deutlich nahe
kam uns die Wahrheit

Augustnacht

diese endlose Wölbung nach oben
mit den Heerstraßen der Sterne
die lichte Seite des Dunklen
eine sagenhafte Raumkulisse
nichts zwischen ihnen
und mir hier auf meinem Balkon
dicht am Unendlichen
hinter dünner Schläfenwand
man würde nicht wagen
das zu beschreiben
eine Art kosmische Verortung
schwindelerregend, unerhört
und das Gefühl
hier nicht heimisch zu sein
eher wie ausgesetzt
eigentlich kaum zu ertragen
wie die unaufhörliche Antwortlosigkeit
des erhabenen Himmels
von dem man nicht weiß
wo er wirklich ist
das unermeßliche flimmernde Heer
möchte man mit den Händen einfangen
um dahinter zu kommen
trotzdem bin ich
unter der Straße des steigenden Monds
ohne Sehnsucht
nach anderen Himmeln
mit denen man uns betrügt
und sogar dankbar für den Impuls
des erschreckten Staunens
vielleicht ein Indiz
für die Unermeßlichkeit unserer Unwissenheit

und die Vernünftigkeit des Glaubens
obwohl die Hintergründe
doch ziemlich im Dunkeln liegen

denn Er ist
wenn Er ist
so viel läßt sich sagen:
groß ohne Quantität
gegenwärtig ohne Raum
ewig ohne Zeit
ein Unverfügbarer also
kein elektronischer Gott
unerhört

Zeugenschaft

Ein Flußufer im Abendrot,
das Auge eines Schmetterlingsflügels,
die in unberührter Nacktheit leuchtenden
blaugrünen Wogen der Nordsee
unter unendlichem Himmel,
Almwiesen im Sommer
paradiesisch wirkend
wie Beete frühester Gärten,
der leise Flammenfall des Laubs
in herbstlichen Wäldern
und… und…

Man sagt,
es werde uns nichts geschenkt,
von wegen.

Ich bin Zeuge,
ein dankbarer Zeuge
des unaufhörlichen Wunders,
das die Welt ist,
ein Prägedruck
der freigebigen Schöpferhand.

Mehr kann man nicht erwarten
als Momente des Dabeigewesenseins;
vielleicht leben wir deshalb,
und wenigstens werde ich,
wenn alle Tage zu Ende gehen,
einmal Teil dieser Erde sein,
der ich lange schon zugetan bin.

Am Achendamm

Ein gezacktes Blatt
blutrot geädert
schon von schwarzem Rost gefleckt
dem Stigma des Herbstes
trieb langsam in der Tiroler Ache
fand zitternd
an einem Stein Halt
bis ein Wirbel es fortriß
winziger farbiger Reflex auf Wasser
der rasch erlosch
kleiner Strudel im Panta rhei
wer weiß wohin

Andere gingen voran
andere folgen

Nachdenklich
standst du lange
diese mitreißende Erfahrung
bleibt keinem erspart

Begegnung

die rissige Haut der Bäume
wer sich anlehnt an sie
in von Zweigen beschatteter Stille
spürt die Verwandtschaft:
das Geschenk des Lebens

vor mir auf dem Weg ein kleiner Käfer
er krabbelt vorwärts und wieder zurück
dann hält er an
ist er hungrig? durstig?
oder hat er keine Wünsche
fühlt er kein Leid und keine Freude?

schließlich bewegt er sich weiter
er hat keine Wahl
ich hätte gern etwas für
dieses winzige Geschöpf getan
bei seiner Wanderung über die Erde
doch unsere Distanz ist unüberbrückbar

wenigstens weiß es nichts
von der Kürze seiner Frist

Optionen für Ältere

Leiden können,
und zwar nicht nur sich selbst.
Weißbrot kauen
für die Lücken im Gedächtnis.
Auf die Zähne beißen,
wenn man noch welche hat.
Mit grauem Star
unter grauem Himmel
Taschentücher bereithalten
für die tägliche Portion Abschied
sowie die nicht mehr
gutzumachende Kränkung der Jahre.
Müde einstimmen
in die große Vergeblichkeit
und sich mit digitalen Illusionen
und ähnlichen Tröstungen
in Gottes Namen an Recht
und Gebrechlichkeit halten,
bis die Frist abläuft.

Oder sich Mut zumuten,
ein paar Schiffe hinter sich verbrennen
und beim Schein der Flammen
mit restlichem Sauerstoffvorrat
ein Gebirge aus Zeit besteigen,
einen Raum durchmessen
so weit wie der eines Astronauten,
die erfüllteren Tage dankbar
an die Brust gepreßt,
schöne Momente als Proviant,
jederzeit griffbereit,
so unwirklich nah
wie die Alpen bei Föhn,
und womöglich noch einmal das Faß
der Welt entkorken und reisen,
sich hinter keiner Gewißheit mehr
verschanzen außer der einen,
dabei eine Überdosis Leben
versuchen zu bewahren
bis zum Beweis des Gegenteils.

Andererseits

kein Himmel, nur Gewölk
ein Abbild der Lage
überall werden Einsätze verpaßt
der Mensch läßt nach

du stehst also nicht allein
uneinsichtig hinter der Hecke
im Unterstand deiner kleinen Welt
mit schlechtsitzender Hose
sowie den betagten Zweifeln
einer philosophisch abgesicherten
Grundenttäuschung
und der Lichtung des Kopfhaars
im Zählzwang der Jahre
in der Ecke ein Haufen Pläne
wie alte Kleider
eine vergessene Zukunft
so vieles hat deinen Himmel
bewohnt und wieder geräumt
du blätterst in Röntgenbildern
ratlos wie einer
der nachdachte und fand
doch wieder vergaß
und spürst das leise Klirren
aus der Ferne…

andererseits weißt du nicht
wie schwer die Last ist
die du nicht trägst
und was ist alles gegen Scotts Herz
als er Amundsens Wimpel sah

Ermutigung

was wolltest du eigentlich?
es fällt dir nicht ein
womöglich hast du es nie gewußt
aber manchmal hättest du gern
in nichts als Schweigen gewohnt
als Vorübung für später

wenigstens konntest du dir
unterwegs manches ersparen
das ist nun dein Kapital
für die Armut im Alter
während in den Gärten
der Reichtum der Blätter wartet

du träumst häufig auch von
dem einsamen Weg quer durch
die Heide als Flüchtling aus
den Zonen der lärmenden Leere
doch oft bestätigten Äußerungen
eines alten Predigers zufolge
ist alles ohnehin nur ein
Haschen nach dem Wind
und gibt es höheren Genuß
als den von Tag und Nacht
von Morgenröte und Abendhauch?

die Sonne hat ein Auge auf dich
was könnte dich stärker ermutigen
so kurz vor dem Ziel immer noch
deine Schuhe zu schnüren und
heiter zu schreiten in die Septemberluft

Herbst 1

die Bäume
stecken ihre Blätter in Brand
das geht rum
wie ein Lauffeuer

es knistert unter den Schuhen
Nebel kommt auf
über ihn
steht alles bei Hesse

das Licht
beginnt zu sterben
ein Wissen lebt
um verlorene Zeit

wenn der Wind
von der Nordsee an Land geht
regnet es
neue Bücher in Frankfurt

manchmal ein Sturm
die Tage sogar
scheint er dahinzuwehen
wie Laub

Blätter mit alten Gesichtern
meine Gedanken liegen
wie sie vor der Haustür
aufgehäuft und unnütz

Herbst 2

Die Uhren werden zurückgestellt,
als nütze das etwas,
dabei ist es immer zu spät zum Lieben.

Bald wird Winter sein,
das neue Paßwort
für den Wärmedämmungswahn.
Dann steht endgültig
alles im Zwielicht.

Jeder blickt vor sich hin,
ich blicke in mich hinein.
Denn für den Sommer
ist noch viel Raum
hinter geschlossenen Lidern
im Zimmer meines Tagtraums,
in dem niemand mehr lebt als C.

Gibt es etwas Schöneres,
als raschelndes Laub und
kostbare Momente aufzustöbern?

Das Jahr geht demnächst fort
und sieht sich nicht mehr um.
Aber die Wolken stehen lange
über unserer Hast,
und in meinem Erinnern
kommt Vergänglichkeit
tatsächlich zum Stillstand.

Verlustanzeige

Die Flocken wirbelten dicht
und legten sich dann zur Ruhe
in ihr weiches Wintergrab.

Jedes Geräusch war gedämpft
im Schlaf der Farben
bis auf die eine.

Der Schnee stand lange
den gepuderten Häusern
wie Schaum vor dem Mund
und nahm die Gärten
und Straßen weg.

Auf der bevölkerten Alster
wurde Freude ins Eis geschrieben,
das klare Verhältnisse schuf.
Und alles ging glatt
bis auf wenige Ausrutscher.

Wir hielten uns an erfrorenen Händen
tauschten unseren Atem und
persönliche Fürwörter aus und
glaubten an unseren Frühling.

Heute ist der sogenannte *Winter*
nur ein weiterer Etikettenschwindel.
Online sind aufblasbare
Schneemänner im Handel.

Altenheim

Häupter aus Silber,
denen der Lorbeer längst gebührt
nach einem Leben der Mühen,
schlurfend oder am Rollator,
mit pharmazeutischem Schlaf
im Niemandsland ihrer Zimmer.

Ihre Zeit—Gnade und Gericht,
noch Gnade, schon Gericht.

Würde heißt: ein Gestern haben,
auch wenn man es nicht erinnert.
Ein Heute hat jeder.
Das vergessen die Jungen,
die ihnen zu trinken geben,
aber nicht das Wasser reichen können,
und wenn sie sich
auf Zehenspitzen stellten.

Die Alten harren noch aus
unter einer Pflege nach Stoppuhr
mit ungetrösteten Atemzügen
oder legen Patiencen.
Sie brauchen Geduld,
bis auch ihre Augen sich schließen.

Sie sind häufig arm dran,
wenn sie auf Menschen warten
nach dem vierten Gebot.
Und mancher Ermüdete hofft darauf,
daß jedes Leben einen Namen hat,
bei dem Er es ruft.

Ökonomisierung

Bulldozer arbeiten am Limit
für die Planierung der Zukunft,
eine Schule des Nichterinnerns.

Farbtöpfe sind bereitgestellt.
Die globalisierte Welt erhält
einen einheitlichen Anstrich.

Wann wird der Himmel
in Werbeflächen aufgeteilt,
die zu mieten sind?

Maler zücken die Pinsel
für einen kunstvollen Schlußstrich
unter die Geschichte des Individuums.

Sie wird zurückgelassen
wie ein Tropfen im Glas.
Die humanen Umrisse verwischen.

Manche vertrauen noch
auf den Blick in den Spiegel,
um das Gesicht zu wahren des Menschen.

Dabei reicht die rein ökonomische Wahrnehmung
nicht einmal aus
für den morgendlichen Gang in den Garten

zu Tauperlen an Gräsern,
die sich zu wiegen scheinen
von einem Halm zum anderen.

Unter Palmen

ich schalte auf Energiesparmodus
in meiner Ecke links von der Welt
voller Hoffnung auf nichts
ich bin nicht von gestern
noch viel weniger von morgen
wir haben das Gröbste vor uns

ich teste meine Einbildungskraft
liege entspannt unter schattigen Palmen
ganz ohne Kommunikationszusammenhänge
irgendwo am Stillen Ozean
(schon des Adjektivs wegen)
und lege mir einen warmen
Sommerabend um die Schultern
die Gedanken sind doch noch frei, oder?

auf einmal schlägt die Tür zu
mitten im schönsten Frieden
das ist so brutal wie es klingt
ein Rasenmäher lärmt los und
meine Flaschen recken die Hälse
selbst im Kühlschrank rumort es

jetzt macht man vor nichts mehr halt
doch bevor es knüppeldick kommt
besorge ich mir einen Mantel
zugeknöpft bis über die Ohren
und glaube es so auszuhalten
bis morgen
bis Weihnachten
bis zum nächsten Frühling

Globaler Markt

Zahn um Zahn
ein Fall für Dentisten
Meister ist
wer das beste Gebiß hat
bei Hagenbeck im Zoo
hinter Gittern
fletscht er die Zähne

ein ähnliches Wesen
läuft ungehemmt
über die Erde
ohne Tempolimit
von keinem Gesetzbuch
gefesselt
nicht mehr zu zähmen
in freier Wildbahn
spottend der Ohnmacht
vorgeblicher Wärter
und sogar noch
staatlich gefördert
genährt durch Wachstum
und binären Code

mit einem Magen für alles
und guter Verdauung
unersättlich
too big to fail
doch ohne Sinn dafür
daß weniger mehr ist
ein Vernichter der Kleinen
koste es
wen es wolle
der Mensch als Ware
sozialversichert
nicht dagegen
sein Wert
sinkt ständig
er war einmal
Mittelpunkt
jetzt ist er Mittel
Punkt

Schonung
ist ein Wort nur
für Förster

Energiewende

windige Hoffnungen
im schattigen Deutschland

Böe für Böe rücken
die hochmütig aufgepflanzten
Feldzeichen des Menschen
überfallartig dem harmonischen
Antlitz der Landschaft
bedrohlich zu Leibe
um ihre schönen Züge zu verriegeln
unter dem Vorwand
die Umwelt zu schützen

sie umstellen Dörfer
haben Hügelkämme besetzt
und drohen
waldige Kuppen zu roden

in der Ferne schimmert ein Strom
doch der Blick, der bisher
reizvolle Weite war
steht auf halbmast
zwischen den Stahlkolossen
die unansehnlich Gewordene
preßt die Lippen zusammen
ihr fehlen die Worte
nach diesem Gesichtsverlust
im Winde klirren die Fahnen
und sie möchte sich, peinlich
berührt von diesem Barbarentum
am liebsten seitwärts
in die Büsche schlagen

Nachhaltigkeit

dichtes Gras wächst hoch
am Rand eines Miethauses

Gras dopt nicht
Wachstumshormone sind überflüssig
es richtet sich wie eine Wahrheit auf
stemmt sich von ganz allein
mit tapferen kleinen Spitzen
in das Abgas-Feinstaub-Luftgemisch
es ist Kummer gewohnt
wächst über sich hinaus
zeigt tausendfingrig nach oben
und hat bereits begonnen
unter Mithilfe des Löwenzahns
die Substanz der Wand anzugreifen:
der unbeirrte und geduldige
Versuch einer Rückeroberung also
gegen die Zubetonierung allen Grüns

es gibt durchaus nachwachsende Energie
nachwachsende Intelligenz ist seltener
und ein ausbeutendes Verhältnis zum Objekt
rächt sich in der Verarmung des Subjekts

das Gras hat einen langen Atem
und es wird ihm gelingen
die versiegelte Erde zu sprengen
wenn das Raubtier Mensch
das sich nicht begnügt
mit der Zerstörung seiner eigenen Natur
den geplünderten Planeten
wieder verlassen hat

Irrtum

überall Baustellen in meiner Stadt
und in meinem Leben
woanders wird weiter am Turm zu Babel
gebaut auf Gedeih und Verderb
in für Zwerge nicht
untypischem Größenwahn
computergestützt und vermessen
also höher als alle Vernunft
doch so kommt man nie dem Himmel nah
solche Großprojekte
von Beckettfiguren
die im Treibsand versinken
der schon zwischen
den Zähnen knirscht
sind neuerdings unbeherrschbar
dreimal dürfen wir raten warum
alles Attrappe und Hochstapelei
April, April
der Horizont reicht kaum
über die Tastaturen hinaus
niemand faßt mehr das Ganze
man greift nach Schatten
das Fundament fehlt
Sokrates war schon weiter
vor mehr als 2000 Jahren

und in den Straßen erhebt
sich im Wind der Staub
zu dem Herrn, der er ist

Erfolgsgeschichte

in der Abenddämmerung
der bürgerlichen Epoche

auf der Suche nach Geborgenheit
also dem Parkplatz Maschinen
mit Zweibeinern im Glauben fest
an die Marke in der Welt
so wenig zu Hause wie du
eine Frage des Materials
bei der Tempoverschärfung
im neuen Jahrtausend
die Automaten warten längst
ein Massenberuf ihre Produktion
eine Erfolgsgeschichte in Deutschland

das Gefühl von Freiheit
die bekannte Sinnestäuschung
geblendet vom Schein der
anderen fluchend wetteifernd
auf den großen Straßen wer
sein Leben billiger feilhält doch
in neuer Autonomie geben die
Apparate bereits die Richtung vor
und stimmt nach ihrer Meinung
der Abstand zum Nächsten nicht
flippen die Systeme aus sie
sind auf der Überholspur
sie treiben es mit jedem sie treiben
jeden alles Berechnung Technik
die hilflos macht die entmündigt
das Wort Führerschein lügt sind
wir noch zu retten?

sie haben ihr Ziel fast erreicht
gelenkte gesteuerte Zukunft
also eine die keine mehr ist
eine Zukunft als Abkunft
sie redet schon in hundert Zeichen
und niemand tritt auf die Bremse
die Welt ein Steuerungsmechanismus
mit digitalem Auto-Pilot darin
ausgerechnet der Mensch
ein erfolgsverwöhnter Verlierer
dieses Auslaufmodell wird Zubehör
wie in der Bilderwelt des
Hieronymus Bosch abgewürgt
und ausgebremst das
Schlußlicht der Schöpfung
Homunkulus am Steuerknüppel
bald jedes neue Auto
ein rollendes Smartphone

ein Rest Mündigkeit ragt sperrig
heraus aus dem Kofferraum
umflort vom Abendlandschein
und Vögel steigen auf ins Blau
wie zum Beweis daß Himmel
noch ist daß es das alte Oben
weiter gibt
aber daß die Menschheit
bisher noch alles überstanden
hat ist kein Argument

homo currens

das beschleunigte hamsterrad
    heimstatt der dauermobilisierten
im großen wettlauf ausgeliefert
    dem meer der gleichzeitigkeit
ständig online
    der verfügbare mensch
für ein da-sein
    als überall-sein
mit kaffee aus pappbechern
    und ruhe aus ritalin
er ist jetzt immer erreichbar
    und erreicht doch nichts
man eilt, also ist man
    allen ballast abwerfend
um immer schneller zu sein
    bis zum erwachen im burn-out
aber die gewichte
    derer man sich entledigt
enthalten die weisheit der ahnen
    und erinnerung hieße mahnung
bedeutet also der sogenannte
    technologische fortschritt
der blind darüber hinweggeht
    weil die software es so will
daß er den einzelnen nur
    noch unbarmherziger zwingt
zum laufschritt im hamsterrad
    verwechselt mit der karriereleiter?

Sachlicher Befund

wer sagt öffentlich noch
was er denkt (z.B. über den Islam)

die Wahrheit ist nicht mehr politisch korrekt
das Laster der Heuchelei wird zur Tugend
und längst tritt immer gewichtiger auf
was weniger wiegt als nichts

wir leben in einem „Rechtsstaat"
lauten die Lippenbekenntnisse
die Balken biegen sich nicht ohne Grund
wir gehen auf Lügen
die Schuhe, die Schritte sind Lügen
verläßliche Syntax wäre schon ein Ereignis

es gibt ein Gottvertrauen in Google
und die Vernetzung aller mit allen
ist die große Stunde des Konformismus
mit moralischer Keule bewacht
im Reich der Tugendwächter
zu dem dieses Land geworden ist

wie solide dagegen sind Worte
in Rinden geschnitten
kurz und bündig
sie halten auch länger

Täuschungen

für bare Münze nehme ich
unter dem Sternbild der Pusteblume
fast nichts mehr
so entziehe ich mich Netzen
weil sie das *Soziale* höchstens
im Namen tragen und sich hier
Individuen in Rudeln verwandeln
oft triefend von Dummheit und Haß
man hat jetzt die Technik dafür

die Programmierung dauert an
aber man will nicht sehen
bei ihrem Komfortcharakter
daß Sklaverei wiederkommt
nur neue Verkleidung annimmt

nachts decke ich mich zu
hoch bis ans Kinn mit Erinnerungen
die zum Überleben reichen
einquartiert im Gedächtnis
das nicht überläuft zu den Suchmaschinen

dann füttere ich den Großen Bären
lächle der Jungfrau zu und liebe
im Traum über meine Verhältnisse
immer hatte ich ein heimliches Leben
und immer war dies das wahre

Neues von Brehm

An Zebrastreifen jenseits von Afrika
neben anderen Säugetieren
wartend träume ich
manchmal von der Serengeti.

Brehms Tierleben gewinnt
ohnehin an Bedeutung,
sichtbar in der Telephonie
prahlender Frösche,
die sich tierisch ernst nehmen,
im anhaltenden Mobbing
durch Stichlinge,
in der Endlagersuche
der Maulwürfe für
heruntergekommene Gewißheiten,
im Irrtum über die Empathie
von Heuschrecken,
in der Schwarmintelligenz
von Zugvögeln
und im Burn-out
der Hamster in einer
pausenlos alarmistisch
gestimmten Gesellschaft
von Mücken.

In Regierungsvierteln
letzte Indizien:
die Strahlkraft von Glühwürmchen
und anderen Alphatieren,
possierliche Lemminge
und schreiendfarbige Kakadus,
weinende Krokodile
sowie Krähen, die sich mit
Pfauenfedern schmücken
und im Tiergarten ein großes Rad
zu schlagen versuchen.
Eulen gehen die Augen über
bei dieser Konzeptlosigkeit.

Gottesanbeterinnen genießen
in Kirchen Artenschutz und
jede Maus begrüßt nach
dem Ende der Orthographie
das Schwinden der Handschrift.
Die wahren Haifische schwimmen
jetzt im Netz als Treiber
hinter den Heringsschwärmen.

Informationelle Selbstbestimmung?
Ein überzeugender Grund
für das Gelächter der Hühner.
Auch die Exitstrategie der Fliegen
bei geöffneten Fenstern
scheint nur allzu verständlich.

Kompetenzen

es wimmelt vor lauter Kompetenzen
man sieht es

Moses hat man geglaubt
als er mit der Kompetenz der Verheißung
sein Volk durch die Wüste führte

der hiesigen Reiseleitung zu trauen
verbietet sich längst
ihr Mäntelchen hängt alternativlos
im Wind getreu dem Eid
Schaden von sich zu wenden

sie ahnt, die tappende Hand auf dem
Smartphone (Suchbegriff: *Machterhalt*)
doch ohne Sinn für die eigene Komik
(*Ausspähen unter Freunden geht gar nicht*)
nicht einmal, wohin es geht im Ansturm
der mit offenen Armen „willkommen"
geheißenen Millionen Migranten
und läßt sich von ihnen feiern

so werden Schleusen geöffnet
für einen Vielvölkerstaat
und Recht wird gebrochen
der soziale Frieden zerbröselt
diese grenzenlose Frau schafft das
die angeführten Deutschen merken es bald:

ein Glück, daß die Frau so töricht ist
sonst hättest du sie noch gewählt

Ohne Tassen

Besiegelung des Ver-Rückten
die Welt steht kopf

Bildung wird amtliche Vokabel
für das Drücken von Tastaturen
mit gleichen Chancen für alle
Analphabeten die Null
zu erfinden war sicher nicht
leicht jetzt wimmelt es
von ihnen die Maschinen handeln
längst an der Börse in Europa
fehlt es am Nötigsten:
an Europäern es ist ein Ziel
jetzt für Afrikaner und Ärzte
verschreiben Antidepressiva
wie früher Hustensaft

Demokratie als Mogelpackung
Marionetten ziehen die Fäden
mit dem Geld der Bürger
werden Banken gerettet
Schüler evaluieren die Lehrer
die Alten machen auf jung
Männer heiraten Männer
und Frauen Frauen
das Handy wird Körperteil
Sparer werden enteignet
eine Firma will unbedingt alle
Buchhandlungen überflüssig machen
eine andere alle Bibliotheken
das absolute Wissen ist jetzt
Unternehmenszweck globaler

Datensammler die bald aus
jeder Handbewegung Schlüsse ziehen
die Szenerie wird surreal das Internet
ein idealer Haßgenerator der
Reformationstag Halloween
Tradition das Unwort des Jahres
Hacker greifen Staaten an
und eine Religion
in deren Namen „Ungläubige"
scharenweise enthauptet werden
soll jetzt zu Deutschland gehören

das Absurde als Heimat
total überwacht
die Schränke sind längst
ohne Tassen und Glühbirnen
ersetzt durch giftiges Licht
wer liest
wird gelesen

wer kauft
wird selbst zum Produkt
wenn das kein Fortschritt ist
wie verläßt man das Haus ungesehen?
bleiben die Träume privat?

der Homo sapiens heute
mehr Homo als sapiens
Parzengelächter inklusive

wir liegen vor Madagaskar
und haben die Pest an Bord

wie verteidigt man
die limitierte Existenz auf Erden
gegen Dummköpfe und Fremdbestimmer?

der Zeitpunkt wäre günstig
mitten in der schönsten Globalisierung
endlich den Morgenthau-Plan umzusetzen
die Instrumente sind vorhanden
zuerst im Silicon Valley
(denn sie müssen nicht
was sie tun)
bevor wieder ein tatsächlich Irrer
in die Menge schießt
der Angriff auf die menschliche Identität
hat ohnehin schon begonnen
jede neue Würdelosigkeit
kämpft mit den alten um Marktanteile
noch ein paar Fortschritte
und das Ziel ist in Reichweite

sie haben sie nicht alle

mich schirmt
ein einwandfreies Blutbild
die langjährige Übung in Stoa
meine sichere Bank im Garten
und die Erinnerung an Morgenstunden am Meer

auch die Prognosen
fürs Jüngste Gericht
geben Anlaß zur Hoffnung

Nutzer

dank Facebook und Google
wird Privatheit jetzt
von denen
die ihr Leben ins Netz stellen
unter der Kapuze des Fortschritts
vor aller Augen
weltweit verramscht
achtlos verschleudert
scham- und geruchlos
unbegrenzt haltbar
doch *Nutzer* heißt: man wird benutzt
und die Politik baut jenen
die sich Schürfrechte
sichern an Existenzen
für deren Ausbeutung
ignorant und servil
begeistert Breitbandautobahnen
das Waschwasser des Pilatus
ist längst ein reißender Strom
und mutwillig werden
die letzten Deiche gesprengt

wenn so die angeblich
Vernünftigen handeln:
was tun erst die Irren?
die Älteren müßten
sich doch erinnern an Zeiten
in denen man bloß
Kunde einer Firma war
und nicht deren Ware

Widerspruch

Computer haben kein
Verständnis für Stille
wenn nichts passiert
schalten sie ab

Ein digitales Schweigen
gibt es nicht
Stille ist ein Widerspruch
zu ihrem System

Nach und nach
soll verschwinden
was nicht hineinpaßt
zuletzt noch der Mensch

Mancher mag denken
ich sei naiv
und ich wünschte
ich wäre es

Aber mit mir können
sie nicht rechnen
jene Dinge gehören
nicht auf die lange Liste
meiner Fehler

Der Graben zwischen
ihrer Sprache und meiner
bleibt unübersetzbar

Vor-Bilder

der Horizont
in weiter Ferne so nah
ein zarter Bruchstrich
zwischen hier und dort

Wolken ziehen auf
mit Migrationshintergrund
nach der Überquerung des Ärmelkanals
als vorübergehende Erscheinung
zwischen Geburt und Tod unübertroffen
ein Spiel der Winde
die Zweifel am Bestehenden verstärkend
ein Vorbild für jene Heutigen
denen alles absurd wird
der Boykott der Wahrheit
der bunte Fetisch in jedermanns Hand
und die leeren Banner
der Menschenrechte
(eine Form der Verbrauchertäuschung)

die Wolken und wir
unser kleinster gemeinsamer Nenner:
noch liegen wir diesseits
doch das beweist nichts
der Horizont ist nur das Ende der Sicht

und ich schaue nach oben
fröstelnd vor Genugtuung
daß es kein Navi gibt
für den Wind

Kein Vergleich

Ein Garten
gibt größere Gewißheit
als alle Systeme der Philosophie,

Was sind die Räume
zwischen Pol und Pol verglichen
mit dem weiten Weg
zu uns selbst?
Was bedeuten die Leistungen
der Industrie gemessen
am Kampf des unbegreiflichen Herzens
mit seiner abschüssigen Zeit?

Was sind die paar Sommer,
die wir hier sind,
gegen die Milliarden Jahre
des Universums?
Was ist alles Neue
gegen das Bleibende
und was zählt die virtuelle Welt
gegen eine einzige Faust voll Erde?

Gab es jemals in der Geschichte
so viele Menschen,
die so wenig Boden
unter den Füßen hatten?

Kein Vergleich.

In entarteten Zeiten

gibst du vor dem Abgrund jegliche Zurückhaltung auf
und wendest Logik nur noch an in den Träumen

du siehst keinen Anlaß zur Beruhigung
hast Fragen auf fast alle Antworten
überläßt Kommunikationsprothesen den Orthopäden
bedauerst die Leerkräfte in den Schulen
verlangst die Pille danach für eine vergewaltigte Sprache
gönnst allen Gutmenschen von Herzen
das Schwarze unter den Fingernägeln
fühlst dich immer häufiger nur bei den
Ahnen noch unter Deutschen
forderst ein Verschleierungsverbot für
sogenannte Volksvertreter und fragst
wozu noch Mütter in die Welt gesetzt werden

du stellst deine Illusionen und Versäumnisse
zusammen für das Buch der Rekorde
umarmst die Blindgänger auf der Straße
und wartest Tag für Tag auf kein Wunder

du legst deine Pläne im Kühlschrank auf Eis
setzt die Steuern von den Schultern ab
zahlst es endlich allen Schuldigern heim
verzichtest auf den Gebrauch des Futur
bringst den Mantel der Geschichte zur Reinigung
versteigerst die Splitter dieser zersplitterten Welt bei Ebay
nimmst einen Schluck aus der Lampe
hortest die letzten Glühbirnen für das ewige Licht
und nutzst den hellen Wahnsinn dieser Zeit
in Gottes Namen als Beleuchtungsquelle
bei nächtlicher Lektüre der alten Propheten

Kurzmitteilung

es geht um nichts
weniger als alles

eines Tages werden die Medien melden:
wie erst jetzt bekannt wird
ist die Selbst-Bestimmung des Menschen
nach langer Krankheit
in aller Stille verstorben

und zur Zeit dieser Nachricht
werden nur ganz alte Leute
auf den Knien ausgebreitet
die Landkarte
einer versunkenen Welt
ohne Apps
sich noch erinnern
was gemeint ist

Das Letzte in Kürze

Auf einen Fingernagel passen
jetzt Millionen von Daten.
Kant und Lessing verstauben
in alten Regalen.

Kleists *Marionettentheater*
sollte wenigstens noch in
Regierungskreisen gelesen werden.

Auch bei Adornos
Erziehung zur Mündigkeit
können wir uns kurz fassen.
Reste wurden antiquarisch verramscht.

In der Ferne verhallt
das Hohelied des Individuums.
War alles umsonst?
Seit wieviel Jahrhunderten – umsonst!

Noch bieten ältere Obsthändler
für uns Erben ohne Gedächtnis
die *Kirschen der Freiheit* von
Andersch an sowie Steinbecks
überreife *Früchte des Zorns*.

Während mancher bei Klängen
der Sixtinischen Kapelle oder
von Bremer Stadtmusikanten als
Zaungast der falschen Epoche
gefaßt auf ein Ende wartet,
das schon gekommen ist.

Immer noch

du kamst bis hierher
mit deiner Einsilbigkeit
ohne unziemliche Hast
auf einsamen Wegen im Wind
und immer noch bist du
im abnehmenden Licht
gegen das Ja-Sagen zur Dunkelheit
dir pulst noch das Leben am Hals
doch dir reichen einschneidende
Veränderungen bei der Rasur
deine Positionen änderst
du nur noch im Schlaf
du ziehst das eigene bißchen
Intelligenz einer künstlichen vor
Selbstachtung ist mehr
wert als Bequemlichkeit
und keine Rating-Agentur
kann je deine Träume bewerten
du kündigst der Zeit
hast die Verunsicherungen
hinter dir bis auf die eine
läßt den prinzipienlosen Wind
die Richtung wechseln
wie er will

du bist so frei
es ist für alles zu spät
für nichts zu früh
die ersten Sterne blinken
schon in deine Dämmerung
doch immer noch
betreibst du gegen den Kalk
und die Bitterkeit
ein altmodisches Handwerk
das Hoffen
worauf
weiß der Himmel

Unverlorene Gegenwart

sie schenkte dir das Leben
und die Kraft dazu
du gabst ihr Nähe
und lebtest zuletzt davon
daß sie morgens erwachte

die ganz Unvergleichliche
hatte nur Liebe und Güte für dich
und undenkbar schien dir
daß sie einmal sterben sollte
wie du und die anderen

dann ging sie tapfer voraus
schmal vor Ermüdung
als sei sie durch Welten gegangen
und Welten durch sie
bis Erlösung Gnade war

die nur räumlich Entfernte
nun in der Dämmerung
hältst du sie fest
die unverlorene Gegenwart
bleibt für dich und du
bewahrst im Herzen tief
ihre lieben Züge

du weißt
du hast Glück gehabt
und möchtest ewig
ein grüner Zweig sein
der sie wiegt

ob die Bäume
noch blühen
die sie als Kind gemalt hat?
Sterne müßten es sein
die ihre Stirn schmücken

du kämpfst an gegen das
Zentnergewicht des Versäumten
und der unterbliebenen Worte
du konntest ihr nicht vergelten
was sie für dich getan

aber der Wind streicht dir
sanft wie ihre Hand
zuletzt über die Wange
solange du lebst
und du wirst ihr Bild
noch sehen am Ende
wenn du nichts sonst mehr erkennst

Inhalt